CHANGE

TAIWAN'S

FUTURE

WITH

IMAGINATION

用想像翻轉

———

明日的台灣

Ai

黃齊元 ——— 著

用想像
翻轉明日的台灣

目次

自序

推薦序

壹。動盪劇烈的全球化浪潮

貳。漸趨緊張的兩岸博弈關係

參。以創新帶動新經濟的起飛

肆。迫切需要轉型的台灣產業

伍。面對廣大未知未來的年輕人

自序

台灣併購與私募股權協會創會 理事長

藍濤亞洲（FCC Partners）有限公司 總裁

黃齊元

我從 2012 年起開始替商周網路版撰寫「老總的兩岸手札」專欄，每週一次，從未間斷，如今已邁入第 7 年。

這次應邀要再把我近幾年的文章集結成冊，整理時才發現數量之多，連我自己也很訝異我竟是如此多產。重點並不是為何我有時間寫文章，而是動手寫文章已成為我日常工作的一部分了。這幾年我越寫越快，也越寫越多。除了商周網路外，我還有替「遠見」、「先探」寫專欄，並在工商與經濟兩大報不定期發表評論，另外在新北市亞馬遜 AWS 聯合創新中心的網站上也寫了一系列關於科技創新的文章。

世界的變化如排山倒海般向我們撲來，台灣夾在美國和中國大陸中間，面臨前所未有的衝擊。作為一個投資銀行家，我的工作是協助企業成長及轉型。近年我觀察到，傳統的

管理工具已不夠用，光以金融的手段也無法解決問題，必須從觀念上改變以及從組織上調整，所謂的轉型不只是 evolution，而是 revolution，根本就是「推倒重來」(reset)。

也因為如此，我開始廣泛的寫文章並接受演講邀請。我深刻的感覺到，更多的人必須了解未來的全球趨勢以及影響台灣的重大因素，才能做出正確行動。目前台灣太過於封閉，對中國大陸敵對的態度讓我們無法冷靜的作決策，中美貿易大戰更讓許多台商不知所措，失去了信心和方向。

我知道有人同意我的觀點，也有人不屑一顧。無論如何，能引起討論和思考，已達到我的目的。我很少去看我過去寫的文章，也從來不參與社群討論（因為真的沒有時間），不過創造影響力是我的初衷。

此次出刊我篩選 54 篇文章，主要分為五大類：全球化、兩岸關係、創新、台灣產業、年輕人。以前我寫了不少給年輕人的建議，但這兩年我更關切企業的轉型升級。台灣企業面臨傳承、遷離中國、全球產業整合以及新經濟變革，有許多挑戰，非常需要前瞻宏觀的思考，以及系統化可行的建議，才能找到新方向。

「創新」是我這兩年關切的另外一個主題。我去 (2018) 年成立「新北市－亞馬遜 AWS 聯合創新中心」，引進全球一流的創新生態系統；另外在母校東海大學成立「產業智慧轉

型中心」，引領企業朝數位轉型邁進。我一向強調企業要有三個轉型：「跨地域、跨領域、跨世代」，新經濟探討是我近年關注的重心，屬於「跨世代」的範疇。

感謝 Teresa 說服我出這本書，以及她多年來的友誼和支持。更感謝我的客戶、朋友、夥伴以及許多都不認識我的人，每次當我聽到你們表示深受我文章的啟發，都給我很大的鼓舞。

對每一個關心台灣未來的人，希望這本書對你們有幫助。

推薦序

推薦序 01

大聯大投資控股股份有限公司 董事長

黃偉祥

我認識齊元兄（CY）將近 20 年的時間，初識時就知他是一位非常專業的投資銀行家，對他的思緒敏捷、口才一流也印象深刻。之後雖持續的有些交流，他介紹我許多併購及投資機會，也提供我許多有創意的想法，但一直沒有非常深刻的接觸。

齊元後來成立了台灣併購與私募股權協會（MAPECT），由於我的公司大聯大就是以併購為核心理念，後來我也加入了這個協會，並且有幸擔任過副理事長。我真正和齊元的深入交流，應該就是在併購協會的這幾年期間。齊元有超高的能量，勇於創新並能規劃大型活動，併購協會一年一度的金鑫獎，選拔出最優秀的併購企業，以及年度併購代表案例，就是由他一手促成的。早年台灣 M&A 並非主流，不受社會及主管機關重視，有時甚至被污名化。齊元有熱誠及無盡的

活力，不但經常舉辦各種講座活動，也常於報章雜誌撰寫文章，發表精闢的見解，他的精神及對併購的熱誠，令我由衷佩服。

近年齊元對台灣的未來前景非常關注，特別是對台灣傳統企業的轉型，以及新經濟的發展這方面的議題，投入非常多的心力。我剛好也是這幾年擔任大聯大新事業策略委員會召集人的重點工作，因此接觸變多，我們經常會對一些新創投資機會交換意見。我才知他不但將美國最大企業之一亞馬遜AWS的生態系引進台灣，在新北市板橋成立「創新中心」，扶植年輕人和許多新創企業。齊元以一人之力，默默地為台灣做貢獻，這種只問付出、不求回報的精神，值得大家的肯定。

如果說齊元還有什麼缺點，也許是他人生還不夠平衡，年輕時他幾乎將所有的時間、精力投入工作，以致犧牲了健康及和家人相處的時間。現在大家都年紀漸長，生活的重心也要有所改變才是。我也勸他要放慢腳步，注意身體健康，這個階段，只有事業、家庭、好友、健康都能兼顧，才能走更長遠的路。

非常高興齊元將他過去在商周發表的文章集結成書，並邀我寫序。在仔細拜讀了他這些文章後，發現其內容非常廣泛，從台灣產業觀察、年輕人及創業環境、兩岸到全球化議題都含括了，我對他前瞻的思維、敏銳的觀察以及對台灣發人深省的忠告，尤其他中英文的造詣甚佳，透過其深邃的文人筆

觸，對台灣未來發展的關切溢於言表，深深的打動我的心，憾動我的心靈。忍不住回頭再重點式的掃描了一些文章，由於齊元的引經據典、字字帶有生命力，不禁又把我帶回到年輕時的築夢情境，激發了我的雄心壯志，很想再走上從追夢者－織夢者到造夢者甚或完夢者的這段歷程。讀後感觸很多、感傷很重、感動很深、感佩很大但感覺很好，這五感讓我內心澎湃洶湧，久久不能自已。

這是一本對年輕人、專業工作者、創業者及企業家皆適合的書，讀者如果用心閱讀，好好深思，我相信你們會和我有一樣的感動，同時獲益良多。最後，台灣！奮進吧！

推薦序 02

中國信託金融控股股份有限公司 首席經濟學家

前台灣經濟研究院 院長

林建甫

齊元兄要出書，邀請我幫他寫個序。上個周末一口氣把他的書中所有文章讀過，非常佩服。其實有些文章我在報章雜誌已經看過，但是重讀之下仍然覺得受益良多。那些沒讀過的文章，首次拜讀尤為興味昂然，因為齊元兄文筆流暢，又很會說故事，旁徵博引，把他的觀察，用最有趣的方式寫出，讓讀者可以輕鬆的抓到其中「眉角」。

全書分成五個部分，包括全球化、 兩岸、創新、台灣的產業及年輕人，等等，都是現在最熱門的議題，都是台灣社會最需要去關注的方向。小編很貼心的在一些重點地方都以重點標示，提綱挈領，讓讀者不會迷失，能很快的抓到文章真諦。

我與齊元兄的互動一直非常的多。早年是金融界的場合，他在不同的外商投資銀行工作，負責中國、台灣及香港地區之投資銀？業務，每次見面聽他談台資股票上市、海外融資及企業兼併收購項目都非常有趣。我與他就逐漸的熟捻起來。之後他到寶來金融集團及現在的藍濤亞洲有限公司，真正為台灣本土做更多的服務，我與他就有了更多的交集。我們一起跟幾位朋友在 2009 年 9 月創立台灣併購與私募股權協會（MAPECT），他擔任創會及第二任的理事長，我則擔任常務理事，大家一起推廣併購與私募股權投資的觀念，協助建構台灣完善之併購與私募股權投資環境。以 MAPECT 作為台灣民間、政府及國際間之溝通橋樑，並廣泛和國際相關組織進行交流合作。最重要的是每年提出白皮書，並向政府政策建言，一直獲得主管機關的正面回應。我擔任學術委員會召集人，在他的支持下持續辦理併購及私募人才培訓課程，期能讓台灣經濟及產業藉由併購之力，邁向國際，再創新局。

齊元兄東海大學畢業後，負笈千里到美國史丹佛大學就讀企業管理碩士(MBA)，受了良好的訓練並且有很好的國際觀。我與他有相同之處，就是為了影響社會及引進新觀念，經常在報章雜誌上撰文。所以有不少朋友戲說我們是經常上報的 MAPECT 二人組。但我遠不如他的有兩點。我應特別也借這個序言幫齊元兄做個宣傳；第一是他飲水思源。為了回饋母校東海大學，他特地在企管系創設智慧服務課程，出錢又出力。不但邀請國內理論及實務界賢達來授課，他並親

自主持並參與這一個課程，這種做公益及提攜後進的精神，令人佩服。

第二是他與新北市政府合作，引進世界最大的網路銷售公司美國的亞馬遜 (Amazon) 的雲端服務 (Amazon Web Services, AWS) 系統，並予以中文化服務，提供亞馬遜的全球雲端產品，協助台灣企業降低 IT 成本及更安全的擴展雲端執行應用程式。讓全球消費者能由 AWS 看見台灣廠商及產品，也讓台灣企業能很容易的把產品賣到世界各國，發達台灣經濟。

總之，這是一本現在這個 AI 時代在新經濟影響下，值得一讀的好書。要充實自己的能力，要掌握時代潮流，事半功倍的方法就是一步一步的品嘗齊元兄為你準備的大菜。

推薦序 03

東海大學 校長

王茂駿

東海大學自 2018 年 3 月起與亞馬遜旗下的雲端運算服務平台（AWS）合辦雲端創新學院，由東海大學的六個學系（資工、資管、企管、工工、電機、應數）提供課程，再加上 AWS 既有課程，整合成學院課程，幫助學生進行跨域數位學習，專注培育雲技術及雲創新人才。此項與亞馬遜 AWS 的合作計畫，藍濤亞洲的黃齊元總裁扮演著穿針引線的重要角色。

黃齊元總裁是東海第 24 屆企管系的校友，是位傑出的銀行家，他於 2017 年獲選為東海大學第 18 屆傑出校友，對母校發展不僅熱心關懷，並且大力支持。他是一位具有宏觀思維、前瞻視野、有使命感與行動力的創投界傑出領導者。

在這本書中，黃總裁提到他對於亞馬遜這家世界級公司的多元成長歷程及成功的模式，給予高度肯定，並有深入的探討。甚至於他自己專程飛到拉斯維加斯參加亞馬遜旗下

AWS 公司的年會，試圖瞭解 AWS 如何在 10 年間發展成為雲計算領域的龍頭，並探究該公司的創新模式與核心技術等，因而建立了一些人脈關係。基於黃總裁在雲端服務與數位轉型方面所做的耕耘，所下的功夫，可以適時協助新北市與亞馬遜 AWS 共同打造聯合創新中心，接著又協助東海大學與 AWS 攜手創立雲創學院，使台灣的產官學界在雲端服務能與世界級的平台接軌，對於培育年輕人創新創業深具意義。

另外，黃總裁在他的大作中提到，在他三十年投身在投資銀行與創投領域的職涯中，前二十五年主要的工作是幫助客戶成長。過去五年，很多時候是協助客戶交棒退休。著眼未來，他自我期許一個新的方向，就是協助客戶做跨領域的創新「轉型」。為了落實此願景，黃總裁與東海大學合作成立「產業智慧轉型中心」，整合校內外的產學與研發能量，有系統的協助產業界加速數位轉型，以因應人工智慧時代所帶來的衝擊。

整體而言，這本書著眼於全球發展趨勢、跨國企業策略、兩岸政經發展、台灣產業轉型、創新人才培育等，並在兼顧宏觀與微觀、戰略與戰術的角度，提出新剖析、新見解與新建議，頗具啟發性，值得細細閱讀。

推薦序 04

國家實驗研究院科技政策研究與資訊中心 BTB 學者

陳畊兆

我就讀台大博士班期間開始訂閱電子報，因此一直在留意商周的文章，直到 2015 年底、2016 年初，開始注意黃齊元總裁（CY Huang）的「老總的兩岸手札」，其中「台灣繼續關起門來自己玩的後果：留不住腦力和勞力，只剩無力和暴力」和「台灣那麼努力那麼聰明，卻這麼便宜」在我心中留下強烈的漣漪。老總視界的高和所言的具體，讓我不禁有種「犀利又遠大，但真是如此？」的疑問。

大概從 2011 年開始，我所在的實驗室充溢著一股把技術轉到業界的情緒，所以雖身在學校，觸角卻開始往象牙塔外探，那時才發現真實的情況，和過去的假定有著巨大的差異。身為在地青年，我們意識到經濟的低迷、處境的困窘，但問題出在哪？如何解決？如果解決不了，其他機會又在哪？這些問題恐怕是大家共同關心的。 CY 在專業和興趣上持續追蹤全球創新、創業、併購與成長的脈動，讀他的文章

（http://cyhuangblog.blogspot.com/）是青年朋友踏入創新搖籃前很好的行前準備，就如時代基金會趙如媛執行長曾說，青年需要知道世界上同齡的人在做些什麼。

我在有幸赴灣區進修一年後進入新創圈工作，從我有限的認知中，知道 CY 看到了許多重要事件和後續：鴻海的威州投資、美中貿易戰、微軟關閉 windows 部門、「餓了麼」的創立等。抓住他無私分享中的資訊和機會來預備自己的職涯，就不至於被時代拋在後面。作為在地的青年，我認為我們很幸福 ，因為有一群關心年輕人發展的長輩──他們和台灣走過輝煌的經濟起飛，也深知未來在於年輕菁英；也有一群幹練的長輩在本地和國外的各企業組織中扮演不可替代的角色；還有一群長輩甘心在公暇筆耕思想的園地，把他們的觀察和評論紀錄下來、傳遞下去。 對我而言，CY 就是這麼一個關心青年、資歷豐富也樂於筆耕傳遞的前輩，正如他的話：台灣的未來與方向，你會找到路，我們會一起走。

我誠摯地把 CY 的第二本書 －"用想像翻轉明日的台灣"推薦給樂意裝備自己的青年朋友，特別當整體氛圍漸漸走向封閉。我們需要連結自己與上一代菁英，站在他們的肩膀上，可以比較氣定神閒地看這個變動同時又充滿機會的世界。

推薦序 05

領濤新創股份有限公司 董事長

楊正秋

一個把一分鐘當成兩分鐘運用的超大超人

我和黃齊元結識於上世紀末期，當時我們都在創投界服務，各有所為，較少互動。時隔十年後，我們在 2009 年再度共事，創立台灣併購與私募股權協會，積極開啟了"私募股權"在台灣的產業政策及市場發展歷程。短短的四年共事期間，一起經歷無限挑戰，每每都有新創意及佳績產生。譬如：積極向政府陳情，尋求對私募股權投資的政策支持；引進國際著名業者與政府及在地業者的實質交流；舉辦無數場跨領域／跨地域的國際併購論壇，引進新的投資經驗；同時更創設"併購金鑫獎"選拔活動，讓一般大眾透過評選過程一窺併購業務的精髓。

也因為共事後才見識到他的過人之處，早睡早起，不愛運動但卻愛看電影及看書。每天要看十數份的中英文報章雜誌，

稍有業務空閒便埋首各類書籍中,不斷的汲取新知內容,再融會貫通後運用於日常的業務所需。由於他的投資銀行業務跨越海內外各地,尤其在兩岸三地更多參與,這些有用資訊再加上他實際執行業務經驗,形成一個無價的分享資源。再者,他也不吝與人分享,尤其以年輕學子,實習生以及任何有想法想改進的社會人士們,所以當然要鼓勵他多多發表。因此就從接受訪談論述,轉為接專欄寫作發表觀察論述。

雖然他的日常行程滿檔,會議一個接一個,還有很多時間是在空中飛行。所幸他思緒清晰,學識淵博,記憶力佳,還是個寫作快手,幾乎是想到,看到,就手到垂成。他曾提及年輕時,其實是想學電影擔任導演,這個夢想雖未實現,但是他充分運用想像力於字裡行間內,當你在閱讀時,些許可以感受到他想表達的空間及場景。他的文章內容或有觀察,或有評論,或有互動,或有期許,或有學習,甚而批判。但讀來一點壓力都無。真的要感謝他將人事時物地的多元資訊,像電影的分鏡處理般,經由對時事的深入觀察,分析及論述,讓我們雖未讀萬卷書,卻也能明白其間所誌。

他在繁忙的投資銀行業務外,去年又投入"創新"的主題,成立新北市亞馬遜 AWS 聯合創新中心,以及在東海大學成立產業智慧轉型中心,希望藉由協助企業的數位轉型與新創企業的技術創新相結合,成功的跨入新經濟的範疇。同時無論多忙,每週都準時到東海大學兼課教學,還自掏腰包邀請多

位產業代表大老前去與學生們分享產業發展的經驗。某種程度而言，這是費時又耗財的工作，不符投資銀行家的紀律。但是他就是滿懷理想抱負，而且要奮力拼命完成挑戰的人。雖然他不像哈利波特內的妙麗擁有"時光器項鍊"，可以重複運用時間。但是他對於工作的投入，對於新知識的汲取，對於提攜年輕人上進，對於推廣新經濟的落實，以及源源不絕的創新理念，永不間斷；幾乎是將每一分鐘當成二分鐘時間運用，像超人般工作，而且還是位超大的超人，他的成功絕非偶然。

非常榮幸再度與他就協助新創／創新發展業務共事，也恭喜他繼 2015 年"邁向下一個台灣 – 老總的兩岸手扎"出刊後，再度發表"用想像翻轉明日的台灣"。在此祝他事業再上一層樓，更希望他身體健康，永保青春活力！

註：本文作者曾任 –
中華民國創業投資商業同業公會 秘書長
台灣併購與私募股權協會 秘書長
台灣玉山科技協會 秘書長

01

—

壹
。

動盪劇烈的
全球化浪潮

1.1
周子瑜事件後 ...
台商猶豫是否繼續深耕中國市場？
一趟日本行讓他改變了想法

◆

2016.02.22

日本人務實多了，他們知道自己在中國沒有

機會，所以拼命的強迫自己往高端轉型，

到頭來是中國人到日本去搶日本貨。

◆

「請問你們有多少人每個月花 20% 以上的時間在台灣以外的事情上？」我應邀到高雄一個協會演講，在會中提出了這個問題。

沒有一個人舉手，接著我把比例降到10%，仍然沒有任何人，代表這群人所做的事，基本上完全在地。

當天參加的人，大部分是中小企業老闆。本土化沒有什麼不好，這是經濟特色，但台灣今天要轉型，和世界接軌，看來仍有很長的一段路要走。

「我建議大家可以多出國考察，和中國大陸、東南亞、日本類似的協會交流，擴展視野。當然台灣沒有什麼不好，你們願意每個月請我這樣的專家演講，而不是單純的吃飯聊天，我覺得已很難得，但你們可以做的更多。」

我提出了我的看法，大家都覺得很有道理。

小英最近開始她的五大重點產業之旅，希望將新興產業在台灣生根，從生技到綠能，但大部分是連結在地，對於連結全球沒有什麼著墨。立法院開始新的會期，好戲不是藍綠惡鬥，而是開放與封閉的對決：想要推動 TPP 和兩岸協議的蔡英文，如何面對李登輝釣魚台屬於日本的言論？

唯有在世界舞台上，才能真正的釐清台灣定位，檢視台灣價值。

在高雄時，我和一位中小企業主交流，他提出很有意思的看法：「我們對中國大陸感到非常矛盾，一方面像個無底洞，投下去的廣告預算，一下子就沒有了，但市場實在太大，只要找到對的方向，結果可能是台灣的十幾倍。」

接著他提到他的焦慮：「周子瑜事件後，我們陷入掙扎與思考，大陸開始有越來越多對台灣不滿的聲音，我們也懷疑是否還要再繼續深耕中國市場。但最近我去了一趟日本考察，看到陸客瘋狂購買熱水瓶、馬桶這些高端日常用品，我的想法改變了，我要提高我們產品的附加價值，瞄準老師您所說的最大市場。」

中日關係不佳,但這並未阻止大陸客到日本旅遊、搶購日貨,為什麼?因為有價值,that's what really matters。

台灣的機會不在於以超高端產品進攻歐美市場,也不是用低價產品搶攻新興市場,而是把現有的產品加值,特別是結合物聯網及雲端大數據,將產品智慧化,提升性價比。

日本人積極開發智慧家電,Nike 也剛發表智慧運動鞋,台灣已有紡織業者走上機能和智慧的方向,這些都是新商機。

台灣不知道如何面對中國大陸,只想平衡馬政府以往的傾中政策,以為斷絕往來就是解答。

比較起來,日本人務實多了,他們知道自己在中國沒有機會,所以拼命的強迫自己往高端轉型,到頭來是中國人到日本去搶日本貨。

最近美國國會否決了幾單中國大陸對美國高科技企業的併購,我們喜孜孜的認為這是台灣的榜樣,也應該封殺大陸來投資台灣的高科技業。

事實上,台灣的高科技大部分是依賴美日技術,缺乏自主技術,市場都在歐美和中國大陸。

倒閉的前日本 DRAM 大廠爾必達前社長最近和大陸合肥市政府合作,將結合中國資金和日本技術,在合肥建立 DRAM 新廠,說明大陸直接和歐美日企業合作是未來趨勢。

上週，大陸海南航空花了 60 億美元買下美國最大電腦分銷商英邁（Ingram Micro），令人百思不解。海航的理由是英邁全球網路有助於其發展物流，而且中國未來需要很多電腦產品來革新經濟。

同時間，大陸網路電視領導企業樂視繼投資美國電動車公司 Faraday 之後，再與製造 007 名車的英國汽車製造商奧斯頓馬丁（Aston Martin）合資，共同研發電動車。

大陸地產龍頭王健林最近併購美國傳奇影業，延續其在娛樂業一連串的投資，並表示未來房地產業務比重會降到 40%。

所有案例有幾個共通特色：第一、藉由併購跨入新領域；第二、對象都是外國企業；第三、以投資二線公司為主（如 Aston Martin 和傳奇），因為最大的公司不會賣。

台灣企業死守台灣，大陸企業卻利用資金和市場走出去，利用資金和市場來改造自己，不但跨地域，而且跨領域。

我最近和大陸一家創投合作，他們過去一年投資的案子包括雲計算、信息安全、車聯網、手機支付、互聯網＋農業、互聯網＋醫療、空中機器人，沒有一個是我們熟悉的領域，台灣沒有人在做這樣的事，但大陸許多人在做。

為什麼中國對新興產業投資那麼熱衷？因為大陸已成為一個創新經濟體，轉變成明日的環境。

和亞洲周圍國家比較，台灣缺乏能打世界盃的組織型態：南韓企業規模取勝、中國大陸政策扶植產業龍頭、新加坡透過淡馬錫這樣的旗艦布局全球、日本也有國家發展基金主導產業整合。

台灣如果想要以小搏大，一定要有不同的思維，可以從「走出去」及「做不一樣的事」開始，而且要策略聯盟，不能單打獨鬥。

演講最後，有人問我面對挑戰、對新政府有什麼期待。我說沒有期待，必須假設藍綠都會失敗，做最壞打算，一切靠自己，積極打造一個海外資源整合的平台。

台灣人有覺悟嗎？我認為有。上週港大來台招生，台生嚮往國際化，錄取人數創新高。今年公家機關考試，報名人數從 50 萬降到 30 萬，這也是一件好事。

從今天起，請努力想像一個和過去不一樣的台灣，努力成就一個台灣以外的台灣。

Think Taiwan. Think different. Think tomorrow.

1.2
郭董的 guts，鴻海裁 7 千人救夏普
裁員才能救台灣，大家願意嗎？

◆

2016.05.17

時機越不好、環境越差，越應進行徹底的改革

（restructuring）。

◆

最近中國大陸某權威人士對當前經濟局勢發表了看法，表示大陸經濟運行不可能是 U 型和 V 型，而是 L 型的走勢，也非一、兩年能過去。

這是很嚴重的事情，因為台灣的經濟受到全球兩個地方影響最深：美國和中國大陸，如果中國大陸是 L 型，台灣的未來會變成什麼樣子？我不禁想像一個父親皺著眉頭對他的孩子說：「外面環境真的很糟，你們要準備好過寒冬」，這大概就是林全最近講話的意思。

時機越不好、環境越差,越應進行徹底的改革(restructuring)。民進黨上台只能算改組(reorganization),改革才是關鍵,轉型升級是好聽的說法,管理上的改革重組通常包括裁員、減薪、關廠、出售和合併等動作。

鴻海董事長郭台銘不愧是經營之神,上周他表示夏普如要重返榮耀,裁員是必要之痛,媒體報導人數可能高達 7 千人。

真正的改革是「革命式」(revolutionary)改變,而非「漸進式」(evolutionary)修正。現在是做大變革最好的時機,但台灣很少像郭老闆一樣的人,大家都把頭埋在沙裡。

最近美國首府華盛頓的地鐵系統發生火災,市長立即在短時間內關閉整個捷運系統運作,並宣布為期長達一年的徹底整修,這段期間將會為企業和居民帶來極大不便,但這是必須做的事情。根據美國工程協會評估,美國大部分城市基礎建設只有「D+」的水準,基本上都太老舊、問題百出。

台北市市長也很有魄力,但他卻將焦點放在錯的地方,現在將面臨巨大賠償,以及無止盡的爭議。

全球有很多改革成功、反敗為勝的例子。商周最近做了一個愛爾蘭專題,五年前,愛爾蘭還是「歐豬」五國之一,但它兩年就脫離「豬圈」,去年經濟成長率近 8%,改革成功原因在於不斷吸引外資投資。

今年美國 NBA 全季贏球 73 場破紀錄的勇士隊，也是改革成功的典範。六年前其成績墊底，但老闆重押當時因傷所苦的柯瑞（Curry），改組球隊，終於爬上冠軍寶座。

最誇張的例子是今年英國足球超級聯賽，得冠者李斯特城從未得過冠軍，去年還是最後一名，賠率一度高達 1:5000，但一群普通球員加上一位過氣教練，眾志成城，創造了足球史上最不可思議的奇蹟。

台灣也有 restructuring 成功的運動員，代表人物是王建民，重點不在於他的意志，而是改革，找新教練重新改造自己，才能從谷底翻身。

2000 年以前，美國最有勢力的公司是微軟；過去 10 年，全球最有影響力的公司是蘋果，多少台灣公司的命運和其綁在一起。現在美國最流行的科技產品，不是 Apple Watch，而是 Amazon 的 Echo 和 Tesla 電動車，轉型才是企業存活下去的關鍵。

上周發生了兩件併購大事：一是蘋果將投資中國規模最大的網路叫車服務公司滴滴出行 10 億美元，這是蘋果首度展現對汽車產業的興趣。另一是聯發科出售旗下車用電子公司給大陸最大的數位地圖服務商，雙方策略結盟，共同發展車用電子和車聯網市場。

兩件看起來不相關的個案，三個共同的關鍵詞：中國市場、汽車產業和互聯網。蘋果錯失了未來布局，現在一定要和中國市場緊密結合，才能反敗為勝；在電動車和車聯網，中國已追上美國，現在是世界第一。聯發科如果要在車聯網成為龍頭，沒有中國大陸是不行的，這不只是市場，而是一個完整的生態系，我們還要探討技術流失的可能嗎？

沒有了美國和中國市場，台灣也不是全然沒有希望，我們不是有「新南向政策」嗎？也可以關起門來，好好地「和本土連結」。

It is now or never. Restructure yourself, and restructure Taiwan.

1.3
「屍速列車」賣出 156 國版權！
韓國文創大成功，再說人家愛抄就是酸葡萄了

◆

2016.08.29

遊戲規則已經變了，未來是整合的時代，必須
走向「創產融」模式：創意必須和產業結合，
為市場需求而設計，才能吸引全球一流資金，
讓錢追逐創意，台灣缺乏這種心態和環境。

◆

「在亞洲所有市場中，我們最看好南韓。南韓現已成為亞洲
流行趨勢的領導者，無論是音樂、電視劇，或是化妝品及醫
美，不僅影響國內市場，也帶動了亞洲市場，特別是中國。」

在香港四季酒店的 lobby lounge，一位基金經理分析他對投
資的看法，我問他台灣呢？

「台灣雖然也很重視文創產業，但企業規模偏小，市場不大，
創意很少能商業化、快速擴張，和南韓沒有得比。」

韓國文化產業的能量實在驚人，雖然最近中韓關係惡化，但並未阻止中國大陸互聯網巨頭，如阿里和騰訊投資南韓娛樂公司，大家所看中的不只是內容，還有未來偶像所衍生的各種商機。

周末在電影院看了最新韓國賣座片「屍速列車」預告，這部片已賣出 156 個國家版權，動作刺激、溫情感人，娛樂性和社會性兼具。

兩年前我看過一部韓國片「末日列車」（Snowpiercer），主題也和火車以及未來預言有關，當時就很佩服其創意，特別是它成功地打入國際市場。台灣雖也有侯孝賢能拍出「聶隱娘」，但韓國更像是東方的史蒂芬‧史匹柏。

如果你覺得韓國人流於商業型式沒有深度，那你應該讀韓國女作家韓江的小說《素食者》。這本書今年獲得英國布克（Booker）國際文學獎，描述一名已婚婦女幻想變成樹的過程，融合了暴力和慾望，書中隱含多種黑暗奇幻意象。我第一次讀韓國人的小說，非常震撼。

台灣近年已沒有國際級的作家，也缺乏感人深刻的作品。三、四十年前，我們還有張系國、黃春明，以及最近過世的王拓這些作家，但今天卻後繼無人。台灣以往是華人文學創作的沃土，現在已養分枯竭。

台灣人在外國的土地上，反而能發光發熱。去年日本文壇最高榮譽直木獎得獎作品，是東山彰良的「流」。作者 1968 年生於台灣，5 歲移居日本，該書根據其祖籍山東的父親之成長經歷寫成，獲得 9 位評審全票滿分。

書中以 1975 年老蔣過世為背景，從一件謀殺案開始，貫穿不同世代，從二次大戰到現在，連結日本、台灣以及中國大陸，流暢得令人難以置信。

這說明了什麼？「跨地域」文化背景反而更能激盪出創意的火花。但今天台灣在「文化台獨」的陰影下，積極去中國化，無法包容過去，我們的想像力被憤怒取代、被仇恨侵蝕。

日前，中國時報舉辦的年度「時報文學獎」，突然無預警宣布停辦。我認為有幾種可能：台灣作家質量下滑、大陸作家因兩岸關係不再投稿、中時集團色彩過於鮮明。無論如何，這都代表了大中華交流正逐漸離我們遠去，台灣再也不是華人世界中文文學的領導者。

唯一剩下還有兩岸色彩的文學獎是「BenQ 華文世界電影小說獎」，今年首獎是中國大陸的「大裂」，最近台灣剛出版同名獲獎作品的小說集。

台灣作家的作品「欲望與恐懼」得到第二名，我很喜歡這個故事，講述 2027 年的世界，機器人成為我們生活重要的一

部分，科技與現實融合，機器與人性互動。作者 1980 年生，代表台灣新一代作家的潛力。

但同樣是講科幻故事，台灣又被中國大陸作家打敗了。上周世界科幻文學界最具有影響力的獎項「雨果獎」，中國大陸年僅 32 歲的女作家郝景芳的作品「北京摺疊」獲得中短篇小說首獎，揚名全球。

「北京摺疊」敘述一個高度分工，由三種階級、三個空間組成的北京市，可像變形金剛般折疊起來。我周末讀完這篇小說，覺得其得獎理由應是掌握了時代趨勢，書中談到貧富不均、勞工失業、自動化、機器人、循環經濟等，這些都是中國大陸正在經歷的事，也是十三五規畫重點。

台灣文創產業的問題，是視野和格局不夠，國際性和前瞻性輸給別人。南韓以全世界為市場，所以能文化輸出，同時又講求商業性，能整合不同元素，找到資金支持，打造超級鉅作。

遊戲規則已經變了，未來是整合的時代，必須走向「創產融」模式：創意必須和產業結合，為市場需求而設計；有了對的組合，才能吸引全球一流資金，讓錢追逐創意，台灣缺乏這種心態和環境。

不僅是文創產業，許多產業也正轉向商業化、資本化運作模式，體育就是其中之一。今年奧運中國女排奪冠，關鍵在於教練強調市場化、國際化、人性化，用新思路和新作法，

和外國專業接軌，拋棄傳統體制，新加坡得奧運游泳金牌也是同樣理由。

反觀台灣，沒有這種科學與商業結合的環境，只會土法煉鋼。今年約旦跆拳道金牌及澳洲男子射箭團體銅牌，均由台灣教練所帶出，我們能夠輸出專業，卻無法自己奪牌，情何以堪？

近期英國歌手 Elvis Costello 將來台演唱，他的成名曲是 1977 年的「Alison」，這首歌在那個迪斯可充斥的年代就像一股清流。

「Alison」講的是一個男人遇見他前女友的故事，當時她已嫁作人婦，他可以看得出來她婚姻並不幸福，但令他痛心的是她的改變，盡說一些蠢話，讓他不忍再看下去，想要把燈熄滅…

從很多層面來說，「Alison」就像我對台灣的感覺：我已不是我，而你也不是你，但我多希望能回到昨天，重現那個陽光的你、自信的你、正面的你、風情萬種萬人傾倒的你，而不是像今天這樣。

不管你將來和誰在一起，
please be good, be strong, and be true.
I will always love you.

1.4
一個西雅圖，
孵出了波音、微軟、亞馬遜和星巴克 …
台灣可以學到什麼？

•

2016.09.19

良好的生態系會帶動當地企業的繁榮，由於阿里
巴巴的關係，杭州已成為中國成長最快的城市。

•

個人、企業、國家都是一個系統，今天我們要從系統來檢視
問題。兩年前，台灣還搞不懂什麼是 eco-system，但一夕
間，生態系統成了最流行的名詞，小英推動的「亞洲矽谷」
前一陣子被社會大眾打臉，也是因為不具備生態系的條件。

兩年前阿里巴巴在美國上市，募到 250 億美元資金。沒有任
何企業會需要這麼多錢，阿里將資金拿來打造生態系，在全
球大肆併購互聯網相關企業。

但其實在互聯網世界，生態系統始祖是日本軟體銀行的創辦
人孫正義，20 多年前他就長線布局，入股阿里和 Yahoo 等

（當時的）新創企業，最近更以 320 億美元併購英國物聯網晶片龍頭 ARM，布局下一個 20 年。

20 多年前台灣電子業和全球兩大生態系合作，分別是英特爾和微軟，造就了輝煌的產業榮景。但今天環境變了，全球新生態系龍頭改為 Google、Apple 和 Facebook，而中國大陸也有華為、小米和百度三雄，但台灣還陷在昨日的模式走不出來。

過去台灣的新竹科學園區被認為是全球除矽谷外最有活力的創新基地，今天已被中關村、深圳、以色列等其他創新中心取代。

科技業生態系統有幾個重要元素：新創企業、創投、資本市場、人才、學校等，政府反而不一定是關鍵。矽谷完全沒有政府下指導棋，北京則有強烈的政府指導色彩，深圳則完全靠民間的力量，結果更為成功，成為中國創新和創客基地。

生態系需要時間培養，非一朝一夕可成，剛開始一些不相關個體的「結合」，逐漸透過「整合」有一定方向，最後還會「融合」形成獨有的基因和文化。

在新經濟時代，可經由人工培養方式，加速促進生態系的形成，主要手段即為砸錢和併購，配合許多所謂的孵化器和加速器。由於科技變化太快，當今即使如 Google，也需透過收購跨足人工智慧等新領域。

科技＋資金＋政策，這不是台灣熟悉的遊戲規則。最近和一位創投朋友聊天，他說台灣有錢、有人才、有技術，但就是無法形成一個良好的生態環境，問題在哪裡？

回到一個重點，個別的優秀並不代表整體的卓越，集合並不能創造價值，入口網站（portal）和媒體都是例子，一群人或一堆訊息匯集在一起並不代表一個商業模式，需要有方向指引和建議。Yahoo 就是沒有了解到趨勢的改變，所以才被淘汰。台灣有一點像 Yahoo，有很多優秀的人、事、物，但不知道下一步在哪裡。

要研究生態系統的崩壞，最佳教材是美國軟片巨人柯達（Eastman Kodak）。1996 年，柯達還位居美國最有價值品牌第四名，2012 年卻因跟不上轉型潮流宣告破產。該公司自 1930 年起即為道瓊指數成分股，等於是 80 年前的新經濟代表，地位如同今日的 Google；80 年後，誰知道英特爾或微軟會不會走上柯達的命運？

良好的生態系會帶動當地企業的繁榮，反之亦然，有時一家企業就能改寫整個生態環境。G20 在杭州舉辦，由於阿里巴巴的關係，杭州已成為中國成長最快的城市，地位甚至超越廣州，也找到了自己的定位，成為大陸「電商之都」。

美國最有意思的生態環境首推西雅圖，波音、微軟、亞馬遜和星巴克分別帶動了航太、軟體、電商和咖啡生態系。但美國也有不少城市因為行業衰退，從燦爛歸於蕭條，如汽車的

匹茲堡、鋼鐵的克里夫蘭等，柯達所在地 Rochester 的工人數目更從 6 萬人縮減至不到 2 千人。

台灣最大的危機，是整個生態系統出了問題，留不住人、留不住錢、留不住企業，也吸引不到年輕人和外國企業在這裡來創業創新。溪頭最近一棵神木倒塌，未來在各行各業也可能會有很多倒塌的神木。

台灣要想改變，首先需大幅開放，包括資金、人才及企業，面向全球，以世界公民自許。

其次要徹底拋棄傳統思維，深圳因為「騰籠換鳥」，翻轉再造，甚至趕走鴻海這種昨日的龍頭企業，播下明日神木的種子，才成功蛻變成創新城市。

最後，要編織更大的夢，讓外國企業對台灣有憧憬，讓年輕人對世界有夢想。我們不要時時刻刻想著提防中國大陸，對自己設限。

1.5
新加坡政府，補助企業買機器人提高生產力
台灣政府，補助被機器人搶工作的勞工

◆

2016.10.03

生產力的定義是什麼？就是可以自動化，減少人的

工作，交給機器處理，這和台灣的思維大相逕庭，

在台灣，許多人只會期待政府保障工作。

◆

我在麥當勞用早餐，突然被旁邊一桌的景像所深深吸引。

這是一個老人，大約有 80 多歲，以及他的印傭。老人在發呆，迷茫的眼神，呆滯的表情，印傭則在聽音樂，同時玩她的手機，他們這樣坐著大約有 20 分鐘了，完全沒有一句對話。老人站起來時步履蹣跚，抖得很厲害。

我不禁想起父親在世時晚年的情況，我很少去看他，不知道他是否也有很多時候像眼前這位老人一樣，唯一的差別是他不吃麥當勞。

那麼，我老了又會如何呢？時間快速跳到 2030 年，我開始想像以下的場景：

我在麥當勞，旁邊陪伴我的是一個聊天機器人，我們進店裡的時候他就把我愛吃的東西點好了，同時完成電子支付。三分鐘後，另外一個機器人滑行過來把食物端給我。

我很無聊，沒有書看令我心煩，機器人舉起其胸前的大尺寸平板銀幕，開始講話：

「現在我們來看第三章 87 頁…」

我不耐煩地轉動按鈕，換成另一個機器人模式，他們共用一個身體外殼，但其實有好幾個不同的靈魂。他們有很強的學習能力，每一個機器人根據其後天環境會有不同的智能和性格，我聊天的時候喜歡換一台機器人。

「黃 Sir，您好，我是小茜，接下來由我為您服務。」

我不喜歡沒有內涵的女生，但也不喜歡太精明的女強人，當初設定的標準是「60% 的林志玲」+「40% 的蔡英文」，小茜聰明，善解人意，但不會太 pushy，還是有女人的溫柔婉約。

「您想要看書還是聽音樂？昨天您看了一半 『周杰倫 50 歲生日演唱會』，我來放下半場給您看好了。」

時間拉回到現在，我從白日夢中醒來。聊天機器人不是幻想，現在正在發生：鴻海／軟銀共同開發了 Pepper，亞馬遜的智慧助理 Echo 在美國賣得火紅，Google 剛推出虛擬個人助理 Allo，Facebook 則有 Messenger platform 供企業打造專屬聊天機器人，LINE 上周宣布將推出聊天機器人（虛擬軟體平台，非實體機器人），打造智慧生態圈，基本上和 Facebook 策略相同。

由於人工智慧快速成長，許多工作將走入自動化，引發外界對機器人道德倫理的憂心，擔心人類有一天會被機器人消滅（就像「魔鬼終結者」一樣）。

Google、臉書、亞馬遜、IBM 和微軟上周成立「造福人類與社會 AI 正義聯盟」，主旨在於培養 AI 的道德和職業標準，請注意，重點完全「不是」技術。這件事之所以意義重大，在於還未開始興利，已開始防弊，而且是由民間業者主動提出，而非政府與監管者發動，代表大家開始預見機器可能失控的場景，Tesla 自駕車最近已撞死人了。

中國大陸在人工智慧投資的力度遠超過台灣。據估計大陸 AI 的 start-up 約有 100 家，到去年底為止，大陸創投在 AI 上已砸了 29 億人民幣，光是李開復的創新工廠就投資了 25 家 AI 公司。

聯發科董事長蔡明介最近指出，日本對機器人相關產業預計投資 145 億美元，韓國規畫於 2016 至 2020 年投入 30 億

美元，台灣政府只有規畫二百萬美元投資 AI，「至少要加兩個零」。

上周在新加坡出差，當地由於人力不足，已有餐廳採用機器人服務生。我的會計師告訴我，當地有「生產力創新抵減（Productivity & Innovation Credit）」，只要是任何對生產力提高有幫助的舉措，從企業送員工培訓到買 IT 設備，都可以得到 40%（最高 60%）的政府補助。

生產力的定義是什麼？就是可以自動化，減少人的工作，交給機器處理，這和台灣的思維大相逕庭，在台灣，許多人只會期待政府保障工作。

最近經濟學人雜誌編輯 Ryan Advent 出了一本書「The Wealth of Humans」，表示 AI 革命如同工業革命，將導致財富重分配，造成更大的貧富不均，不管如何培訓轉型都無解，政府需要有新的社會政策。去年另一本書《被科技威脅的未來》（Rise of the Robots）則提到投資教育和訓練不太可能解決問題，最有效的方法可能是某種形式的基本所得保障。

商周最近根據 Davenport 的新書《下一個工作在這裡》（Only Humans Need Apply）出了一個人才封面專題，但關鍵信息卻是副標題「人機共存時代」，這和 2014 年兩位 MIT 教授所寫的《第二次機器時代》（The Second Machine Age）主旨相同，人與機器的關係是合作而非競爭。

我最近把所有 AI 的書重讀了一遍，得到全新不同的領悟：

第一、機器已經超越人類（想像 AlphaGo 打敗李世乭）

第二、隨著價格降低，機器人會造成大規模失業

第三、每個人都必須重新界定和機器人之間的關係

第四、全球現在還找不出好的解決方案

我這次特別專注以前未讀的社會問題章節。美國前總統甘迺迪 1963 年時說：「太多人加入勞動市場，而太多機器使人們丟了工作。」 他相信教育和職業訓練可以解決問題，然而今天的機器人已經比 50 年前聰明太多了。

全世界都在想，我們應如何駕馭機器人，創造財富，走向富裕的那一端。台灣的悲哀是，反正追也追不上，乾脆就等著看政府如何補償我吧。

**我們不是機器人的主宰，也不是他的奴隸，
但至少應成為他的夥伴。**

1.6
兩岸，越來越遠
騰訊砸 500 億變特斯拉大股東，
台灣還在為分到 iPhone8 訂單沾沾自喜

◆

———————— 2017.04.25 ————————

台灣的錯誤，是把「智慧化」的重擔全部交到 IT
業者手上。傳統 IT 廠商缺乏對行業的深入理解，
往往以技術眼光來做決策。

◆

「我們的產品能在最短時間內，找到這個行業所有相關服務
提供者，進行配對。」

在某酒店大堂，我和一位新創企業的朋友見面。他們開發了
一款 App，就像 Uber 一樣，能夠迅速找到共享經濟服務提
供方，進行撮合。

但這畢竟不是 Uber，Uber 在不同時段、不同地點，都可以

找到符合客戶需求的車子。但別的行業就並非如此，台灣市場小，某些服務搜尋可能只有初期價值，比如說按摩，經過幾次你就知道哪些師傅適合自己，不必每次透過 App 重新再找。

IT 是一種工具和手段，但各行各業的 domain know-how 才是關鍵。假如是租車，時間很重要，但如果是按摩，選對的人更重要，所以價值不在 IT。

我們正進入一個全新的時代，所有的行業都要邁向「數位化」和「智慧化」，不同的知識會匯集碰撞，產生新的火花，一方面是垂直的（vertical）行業領域，另一方面是各種水平的 IT 解決方案（horizontal），協助企業走向智慧化。

我們正從「互聯網 +」進入「智慧 +」，現在大家都在談「智慧交通」、「智慧醫療」、「智慧家庭」，這裡所謂的智慧是人工智慧（AI），也就是把人的智慧予以系統化、數位化。未來管理電腦的人要懂得各行各業，不同行業的人也要有系統性思考能力，能將知識邏輯性整理歸納。

AI 已成為許多行業提高生產效率和降低成本的最佳途徑。在少子化的日本，老牌輪胎廠商普利司通為了因應輪胎技師青黃不接的問題，透過 AI 將老師傅的經驗與技術進行自動化品質管控，大幅減少人為失誤。

台灣的電子產業依賴電子五哥，以硬體製造為主。未來的趨勢是軟體與網路，而且需要結合行業專門知識，這正是台灣的軟肋。近年電子大廠開始投資跨入汽車、醫療等領域，但成效有限。

台灣直到今天，依然沒有脫離替外國代工的心態，在智慧上的著墨太少。Intel 上周決定取消舉辦 20 年的英特爾開發者論壇（IDF）活動，持續從「以 PC 為核心」轉型為「以資料為核心」的科技公司。反觀台灣，大家普遍仍在為 iPhone 8 所能創造的龐大訂單而沾沾自喜。

台灣的錯誤，是把「智慧化」的重擔全部交到 IT 業者手上。傳統 IT 廠商缺乏對行業的深入理解，往往以技術眼光來做決策，不符合實際需求。我們要學習從「IT 專業化」逐漸轉向「專業智慧化」。

想要成為一個智慧的台灣，政府或企業領導人必須有「從上到下」的策略思考，重新定位自己的商業模式。換言之，必須以 CEO 的角度看未來，而不是以 CTO 的觀點提出囫圇吞棗式的智慧化解決方案。

台灣過於民主的結果，就是整個社會陷入「bottom up」而非「top down」的思考模式。近期政府推動的「前瞻基礎建設計畫」就是最好的例子，整個計畫看不到審慎周延的整體思考，只是由各個城市的需要拼湊而成。

同樣的道理，當我們推動「亞洲·矽谷」或「物聯網」計畫，也會有類似的迷思。台灣把「智慧化」和「IT 化」混為一談，覺得只要花錢採購各種軍火，台灣就會變成一個智慧的社會，大錯特錯。誰是目前智慧化的推手？ device manufacturer，有些甚至沒有軟體和 SI（系統整合）能力，因此我們經常會花很多錢，做出無法滿足 user 需求的東西。

AI 發展速度遠超過台灣的認知，上周 Financial Times 登了一篇 DeepMind Technologies CEO Demis Hassabis 的文章，該公司去年開發出打敗南韓棋王的 AlphaGo，聲名大噪。

DeepMind 的 AI 是靠深度學習，傳統第一代的 AI 則是「expert system」，如 1997 年 IBM 打敗俄羅斯西洋棋王的 Deep Blue，專家系統集結很多大師的智慧，然後將其予以電腦程式化。

但深度學習做法不同，它讓電腦擁有類似人類的神經網絡，可以透過不斷學習和實戰經驗，讓機器變得更聰明。練習越多，技能也就更精進，最終無懈可擊，達到爐火純青的地步，甚至超越人類。人會犯錯，但機器不會犯錯。

Hassabis 表示 AI 有無窮的潛力，未來可應用在很多行業，讓我們更加了解自己，並且創造更有效率和更美好的生活，讓機器更聰明可改變人類未來的命運。

中國大陸在 AI 領域的投入無人能及，阿里最近宣布 NASA 計畫，百度上周也啟動「阿波羅」計畫，打造自動駕駛平台和生態系，從這些命名即可看出大陸業者的雄心壯志。

騰訊、阿里和百度都是網路平台，不像台灣 IT 業者多半為硬體製造商，因此較有條件發展各種智慧 eco-system，雖然他們也不具備各行業專業知識。

傳統的整合是由技術發展到商業模式，再走上金融。但在中國大陸、互聯網業者擁有龐大市場價值，可以整合實體產業，加速 O2O 融合，比如說阿里入股零售巨人。這種情形在台灣不會發生，富邦可以切入網購，但 PC Home 不可能併購玉山銀。

我們正邁入一個 O2O 的社會，即馬雲所預測的「新零售」。上周小米宣布未來 3 年計畫開 1,000 家小米之家，5 年內收入破 700 億元人民幣，回想幾年前雷軍還不斷強調其「網路行銷」模式呢！

最近有一場 FinTech 演講，專家表示「科技不了解金融」，其實反過來說亦然，台灣很多產業都不了解科技，特別是網路和 AI。

郭台銘說「互聯網＋」應該是「＋互聯網」，也就是由實體經濟跨入互聯網。台灣的 IT 業者不是互聯網專家，因此革命必須從實體經濟端發動。

在未來智慧的洪流裡，台灣正越漂越遠……

1.7

賭場發牌小姐，台灣來的比較吃苦耐勞 ...
一個新加坡運將嘆：
你們有好人才，政府卻留不住

◆

———— 2017.09.11 ————

台灣政府行政效率不彰，企業單打獨鬥可以，

但整合就不行。

◆

我到達時是 coffee break 時間，許多人拿著咖啡輕聲交流。
我瞄了一下外賓名單，分別來自美國、英國、澳洲、印度、
中東及其他亞洲國家，級別都非常高。

我來參加一個國際論壇，地點在新加坡國立大學（NUS），
我之前沒來過，整體感覺非常世界級。看到大家聚精會神討
論，我突然有點虛心，覺得自己不夠投入，只是一個旁觀者。

新加坡國立大學是亞洲最好的大學，泰晤士 2018 全球大學
排行榜，排行第 22 名，北大和大陸清華分居 27 和 30 名，
香港大學 40 名，排名均有上升。值得注意的是台灣領導學

府台大排行 198 名，過去 5 年排名持續崩跌，說明台灣教育
競爭力的衰退。

《商周》上周做了一個專題，分析台灣青年紛紛放棄在台上
大學，赴陸、港求學的趨勢，主因是將來可以在中國和香港
工作，薪水遠優於台灣，又可和世界接軌，跟全球最頂級的
人才競爭。

香港雖和中國市場較近，但這次在 NUS，我深深感到新加坡
才是真正的國際城市，不僅本地有中、馬、印等不同種族的
融合，且外國人特別多，英語是標準語言。

新加坡國立大學不僅在亞洲首屈一指，更企圖成為全球一流
學府。這次研討會的主題之一是老年化，NUS 把美國最著名
anti-aging 研究中心的一、二把手都挖角過來。

我和其中一位美國教授交流，請問他為何願意到新加坡工
作。他說美國近年走保護主義、越來越封閉，但學術研究一
定要有全球視野，亞洲乃未來最大市場，而新加坡則是最佳
地點。美國前總統小布希曾對幹細胞引起的倫理爭議大加撻
伐，新加坡趁這個機會，一舉網羅了許多一流教授。

有位新加坡籍教授告訴我，這幾年有不少台灣人去那裡教
書，因為台灣教授的薪水只有新加坡的 1/5，中國爭取人才
也很積極，但薪水仍只有新加坡的 1/2。

當天下午我在計程車上，和司機聊天，他聽說我來自台灣，非常興奮，嘰嘰呱呱講個不停。

「唉呀，這幾年好多台灣人都到新加坡工作，因為台灣工資太低。賭場發牌小姐有不少來自台灣，他們吃苦耐勞，講話溫柔，不像中國小姐比較粗魯。」

這不是一個很好的例子，我問他這些小姐一個月工資多少，他說大約 3,000 多元（1 元星幣約等於 22 元台幣）。

不僅如此，其他各行各業也有許多台灣人赴新加坡工作。

「幼稚園教師是最熱門的工作，幾乎每個台灣來申請的都會被錄取，工作條件比台灣好很多，每天 8 小時，準時下班，在台灣他們什麼都要做，累得要死，還要幫小朋友擦大便。」

這未免也太誇張了吧？

「上周我載一個台灣客人，他看到路上打掃的老先生一直嘆氣，因為台灣剛畢業大學生的薪水就和老先生一樣。」

據了解打掃路工一個月工資大約 1,000 多元星幣。

除此之外，還有不少台灣高階人才被挖角到新加坡，包括麻醉師、電子工程師和環保專家。整體來說，台灣人就是又好用、又便宜。計程車司機還強調新加坡福利很好，他最近

做了心臟開刀手術，總共花了 5 萬多元，但政府有補貼，最後加上保險，一毛未付。

新加坡很保守，法規嚴格，但許多時候一旦決定，卻又能迅速跨入新領域，比如說開放賭場，以及政府近年積極推動新創企業和創新科技。

新加坡成功的關鍵有四點：

第一是開放。匯集全球人才，成為區域樞紐
第二是轉型。積極改變自己，擁抱新的事物
第三是效率。政府執行力強，企業人民守法
第四是和諧。但這也有代價，新加坡媒體自由度非常之低

未來新加坡計畫全力發展 AI，成為全球首屈一指的智慧國家，我認為在這方面新加坡有可能超越台灣，從 2005 到 2013 年，全球電子政府排名新加坡都名列前三。台灣政府行政效率不彰，企業單打獨鬥可以，但整合就不行。

新加坡相對於台灣，很像北京和深圳的比較。一個是中央集權，仰仗精密的政府機器運作；另一個則完全依賴民間草根力量，比如說藉由社會動員拯救了瀕臨失敗的世大運。台灣人民如果團結，力量無人可擋，反之則內耗不斷。

小英的新內閣讓人想起北韓。金正恩頭號使命是打垮邪惡的美帝，賴神內閣的重要任務是消滅黨產會、追殺財團。台灣的敵人不在國外，也不在對岸，其實在我們心中。

全球正進行各種人才爭奪戰。華為在日本招聘應屆畢業生，月薪 40 萬日圓（新台幣 10.3 萬元），為索尼的 2 倍。中菲關係迅速好轉，中國擬開放聘僱菲律賓家政服務員（菲傭），月薪最高可達人民幣 1.3 萬元。我相信只要英語講得好，台傭應不會輸給菲傭。

換言之，不論是總經理、大學生或傭人，如果能夠移動，即可創造價值。台灣人才只要能在國外找到頭路，絕對會比待在台灣強。

我年輕的時候，比較上等的人才都會出國，這個現象會成為未來的新常態。除非台灣大幅對外開放，否則沒有辦法阻擋這個潮流。

我想起計程車司機的結論：「台灣人真的很可憐，就像我們一位前副總理說的，不要淪落到台灣的下場，阻止外籍人才進入，而本地人才又不斷流失。」

We don't need your pity, Sir. 但我們能怪誰？這是我們自作自受，只能說可惜、可悲又可恨。

出走，將埋下改變的種子，也是再回來的開始。

1.8
谷歌 330 億得手宏達電，一個總裁嘆：
台灣人真便宜，沒見過大錢

•

2017.09.25

台灣不值錢、台灣企業不值錢、台灣品牌不值錢，

但台灣人才值錢。

•

該來的總是會來， Google 上周宣布以 11 億美元（編按：約 330 億台幣）併購宏達電的手機研發團隊，代表一個時代的結束。

hTC 是台灣電子業少數在品牌上曾大放異彩的公司，其手機全球市佔率最高曾達 10%，市值超過一兆元新台幣。

過去幾年，宏達電業績不斷滑落，2011 年 4 月時市值曾衝到 367 億美元，年底腰斬跌到 138 億美元，之後一路下跌，目前為 19 億美元。近年該公司的重點轉到 VR，出售手機部門早已在市場預料之中。

值得注意的是，這次 Google 買的是研發團隊，不是上市公司，也不是廠房設備，以 2,000 個員工計算，每個人約值 50 萬美元，比歐美人才便宜，但以台灣水準算相當高。

Google 付 11 億美元相對於宏達電 19 億美元市值，代表其人才價值，但這只是現有工程師數目的一半，反映公司其餘部分價值的低落，因此宏達電整體價值其實未受肯定。

如果和全球行情相比，我們更覺得惋惜。

Google 2011 年以 124 億美元併購摩托羅拉移動，3 年後以 29 億美元賣給聯想，錢像丟在水裡一樣。相較之下，為何和 Google 未來人工智慧硬體裝置前途息息相關的研發團隊，只值 11 億美元？只能說台灣人太 cheap 了。

我們可以得到一個結論：台灣不值錢、台灣企業不值錢、台灣品牌不值錢，但台灣人才值錢。然而外商只要把台灣人才薪水加幾倍就可以挖過去，這也正是中國挖角台灣人才的作法。

台灣人沒有見過大錢，覺得 11 億美元就很好了，我們來和其他數字比較一下：上周新加坡主權基金淡馬錫結合其他國際投資者，投資台灣電動車 Gogoro 3 億美元，假設占股 30%，Gogoro 的隱含估值為 10 億美元，換言之這是台灣第一家新創企業獨角獸（Unicorn），但這和宏達電 2,000 人團隊的價值應該相等嗎？

台灣價值的低落不只存在於一般上市公司，更反映於新創企業上，Gogoro 雖突破了天花板，但台灣的增值速度仍是全亞洲最慢的。

香港新創公司 GoGoVan 以手機電召貨車項目聞名，上個月和中國大型社群服務網站「58 同城」子公司「58 到家」合併，創造亞洲最大的單一城市貨運平台，估值高達 10 億美元，成為香港第一家獨角獸企業。

假如成立不過數年的台灣 Gogoro 或香港 GoGoVan 都值 10 億美元，那麼能協助 Google 打仗的 2,000 人斯巴達戰士至少應有 3 倍的價值。

我們可以得到一個結論：新經濟比傳統經濟值錢、軟體比硬體值錢、外國比台灣值錢。手機產業，如果沒有和軟體及 AI 結合，只能算傳統經濟硬體行業，價值不高，這正是整個台灣產業的問題。

但最令人扼腕的還不只於此，台灣的新創企業估值遠低於東南亞。阿里巴巴今年投資 20 億美元於東南亞最大電商 Lazada，占股 83%，近期又投資 11 億美元於印尼電商 Tokopedia，估值應該也有 20 億美元以上。新加坡最大共享汽車平台 Grab 最近從軟銀拿到 20 億美元，估值已達 60 億美元。另外橫掃台灣的蝦皮電商母公司 SEA，其估值也超過 40 億美元。

這代表台灣在互聯網新經濟的地位，連東南亞國家都不如。在新經濟領域，中國是一流，東南亞屬二流，台灣已淪落為三流。

我們不要死鴨子嘴硬，數字會說話。上周《商業周刊》和《今周刊》各以 20 頁以上篇幅，分析新加坡蝦皮電商。蝦皮從 2015 年 10 月正式進軍台灣網購市場，不到兩年，會員超過 14 萬名，每日成交八百萬筆。

今年以來，台灣原電商龍頭網家（PChome）市值跌幅 38%，蒸發一百億元，近一年股價狂跌 50%。

專家表示，蝦皮對網家最大的傷害不是營業數字，而是投資市場的想像空間沒有了，投資人突然警覺到：這家公司沒有創新能力！

蝦皮靠燒錢強勢進入台灣市場，大膽運用免費策略，乃典型的新經濟資本手法，正如同中國前年兩大叫車龍頭補貼大戰一樣，這並非台灣人熟悉的遊戲規則。

這對台灣科技產業來說是當頭棒喝，我們在新經濟領域其實不堪一擊。台灣只會做硬體，幫別人代工，但沒有創新生態系統，缺乏商業模式，不懂資本運作。政府阻止阿里等世界一流新經濟企業進入市場，只會加速把台灣推向墮落的深淵。Uber 雖被政府封殺，新加坡的 oBike 卻席捲全台。

根據經濟部最新統計，今年一至八月僑外投資、陸資來台、對外投資、對陸投資等四大類投資金額全數呈現衰退，台灣變成亞洲投資活動最冷清的地方，這是誰的錯？沒有投資，就不能創造價值，也無法促進就業。

對於想出國卻猶豫不決的年輕人，想出售公司但下不了決心的企業家，我的建議是：「just do it, ASAP」，我不禁想起經典電影《北非諜影》中的場景。

亨佛萊鮑嘉是 Casablanca 小酒館的老闆，在戰火交織的二戰年代，和他的舊情人在北非重逢，她先生是反抗軍首領。男主角有飛到國外的唯一通行證，女主角要求他營救老公，但被其拒絕，女主角崩潰，因為發現自己仍深愛著男主角。

在電影最後，男主角把通行證給了對方，犧牲自己的幸福，叫情人盡快和她老公逃離，他的名言如下：

「如果現在不走，妳今天、明天或許不會後悔，但 sooner or later 一定會，for the rest of your life。」

我想要說的是：在一個沒有價值的地方，絕對沒有辦法創造財富，也無法改變命運。

除非兩岸關係改善，否則台灣的未來不會好，不管你多麼努力。

趁著機會還在，趕快行動吧！至於我？就像鮑嘉，I will stick with Taiwan, till the end of time!

1.9
江振誠不該回台灣！金融業老總：
有價值的東西，在台灣只會被忽視

◆

———————— 2017.10.16 ————————

台灣是個被低估、價值快速流失的市場，任何有
價值的東西在台灣只會被忽視或打折。

◆

2017 年諾貝爾文學獎得主最近揭曉，由日裔英籍作家石黑一雄獲得殊榮。他最有名的作品是 1989 年的《長日將盡》（The Remains of the Day），1993 年改編成電影。

蔡英文日前接受專訪時提到，她最喜歡的影星之一，就是主演《長日將盡》的安東尼霍普金斯（Anthony Hopkins）。

安東尼霍普金斯是當代最傑出的男明星。演過很多電影，扮演各種不同角色。有趣的是，小英並沒有說她喜歡演殺人魔的霍普金斯，特別指名在《長日將盡》中飾演男管家的他，這令她想到了什麼？

《長日將盡》以 1930 至 50 年代英國為背景，描述一間豪宅中男管家與女管家之間的感情，以此帶出英國二戰前後的背景，以及優柔寡斷、理想主義色彩濃厚的男主人從成功到失敗的歷程。

我深深著迷於《長日將盡》，是因為安東尼霍普金斯所飾演的男管家，在很多地方令我想起我自己。我所從事的金融業，在本質上和男管家的工作一樣，都屬於服務業，以滿足客戶需求為最主要考量，客戶至上，為了客戶可以犧牲自己，包括生活與家庭。

男主角在片中極度壓抑情感，雖然老闆對納粹的友好態度非常離譜，他也不作任何批評，認為自己的工作就是謹守本分，甚至漠視女管家對他示好，以至失去追求人生幸福的機會。從某種角度來說，這很類似許多台灣企業的風格，不管是台積電或鴻海，我們都是為客戶而活。

我想起了小英，她是一個極端聰明的人，然而卻在理想與現實中掙扎。就像《長日將盡》中的男主角，台獨基本教義的壓力讓她不得不堅持形式上的框架，但另一方面，國際環境的變化又促使她提出兩岸必須要有「新模式」，令人啼笑皆非。

《長日將盡》的故事優美而哀傷，看著大宅沒落，讓人想起台灣。電影最後，男主角回顧他的人生，可謂徹底失敗，他所奉行的價值與信念，完全被時代所淘汰。

小英上台不到一年，「九二共識」已成過去式，更不用說「一中各表」，現在中國強調的新方針是「和平統一」，小英也不提「維持現狀」了，兩岸再也沒有模糊的空間，這是誰的錯？

大陸十九大即將召開，在此敏感時刻，小英安排出訪太平洋馬紹爾群島等三友邦，竟然以「尋親之旅」定位，進一步切割和中國的關係。台灣視日本為父，認太平洋小國為根，也難怪前美國在台協會主席卜睿哲提醒我們，中國為了解決台灣問題，可能會設定統一時刻表。

中國剛宣布任命前駐聯合國代表劉結一為國台辦首席副主任，意義重大。劉的專長領域是聯合國及美國，小英想要擴大台灣的國際空間，進入聯合國，並結盟美國，挾洋以自重，劉的強項可以用來對付小英。兩岸至此，不幸已走上對抗的格局。

台灣在國際上被邊緣化，台灣的實力正不斷消逝中。假如年輕人代表台灣的未來，那麼我們的未來相當灰暗。

最近台大公布一個自行調查的世界大學排行榜，北京清華大學排名 34 名，台大位居第 114 名；另外一份泰晤士排名，台大排名 198 名，差點掉出 200 名外。

2016 年亞洲國家多益分數及排名公布，南韓排名第 19（679分），中國 35 名（586 分），台灣只有 40 名（534 分），

在 49 個國家中屬後段班，連民進黨立委也看不下去，建議行政院將英語列為第二官方語言。

台灣人雖然英語不佳，仍前仆後繼前進新加坡。但近年奪下米其林二星、全球前 50 大餐廳榮耀的台灣名廚江振誠，上周宣布其新加坡餐廳 Restaurant ANDRE 將結束營業，歸還米其林二星，計劃回台灣傳承經驗。

江振誠表示，他要努力發揚「被低估」的台灣料理，並培養人才。消息公布後，市場一片讚揚，但我有不同的看法。

台灣是個被低估、價值快速流失的市場，任何有價值的東西在台灣只會被忽視或打折，唯一的例外是台積電。台灣人需要走上國際舞台，如果我是江，我會將訓練基地設在新加坡或北京／上海，這才是真正的大聯盟，可以接受市場考驗。

江在新加坡的餐廳曾雇用許多台灣人，但最後一個不剩。他表示，台灣年輕人國際觀不足，沒有耐心、不夠積極，缺乏與各國專業人士競爭的準備。如果這是真的，在台灣傳承經驗只會更糟。

丹麥 Noma 餐廳曾得過幾年全球最佳餐廳頭銜，創辦人原先在國外服務，後來回到家鄉，把在地食材融合創新手法，打造出美食界的傳奇。江應該是想成為台灣的 Noma，概念是對的，但挑戰很大。

台灣的年輕人缺乏國際視野，台灣的環境缺乏國際內涵，因此走出去見世面很重要，江就是從印度洋上發跡的。重點不是在廚房內能學到什麼，而是廚房以外的東西。

我鼓勵任何台灣的年輕人去海外歷練，但建議有經驗的人回台灣創業。不過台灣的僵硬體制對人才可能是一種風險，中研院前院長翁啟惠就是例子。

台灣是創新最佳的實驗田。假如江不以打造下一個米其林為目標，他可嘗試做一些創新的東西，比如說開發米其林級水平卻又能滿足大眾的平價餐點，把台灣小吃發揚光大。

這幾年我在海外遇見不少優秀的台灣人，但許多人對台灣只能「我思故我在」，心裡關心台灣，但幫不上什麼忙。

They should try，我看到了無限可能。
The Remains of Taiwan. The Remains of the Day.

1.10
從小玩伴都是台灣人，
蝦皮母公司印度裔 CEO：
台灣有的是人才，卻不懂得賺錢

◆

2017.12.11

然而未來 10 年的現實是，優秀的台灣人將流落
四方，成為被別人整合的元素。

◆

很多人在旅館大廳裡走動，工作人員把一顆聖誕樹搬進來，
Christmas 歡樂的氣氛已開始洋溢。

這裡是拉斯維加斯 Bellagio 賭場，我來參加亞馬遜旗下
AWS 公司年會，AWS 是全世界最大的公有雲平台，也是亞
馬遜最賺錢的部門，支撐其 5,500 億美元全世界第四高企
業市值。

上次來 Vegas 是 1999 年，參加 CES 電子展，感覺上和這次
非常不同。當年還是 PC 時代，台灣廠商不可一世，但現在
卻進入互聯網雲端時代，一下子沒有了台灣的角色。

不知為什麼，我突然有點虛心，周遭的人都非常聰明，感覺就像我當年在 Stanford 一樣。Stanford 是大學，而 CES 只是一個 trade show，與會者很多是 sales，但這次 43,000 位參加 AWS 的人都在生態系裡面扮演重要角色，從工程師到創業家，是真正的精英，intellectual power 匯集超級龐大，大家都在探討如何利用網路改變未來！

AWS 的 CEO Andy Jassy 是哈佛 MBA，乃僅次於貝佐斯的亞馬遜 2 號靈魂人物。他以 10 年時間把 AWS 發展為全球雲計算平台的龍頭，市佔率比第 2 至 9 名加起來還要高。亞馬遜並非以技術起家，現在卻取得領先地位，的確有其過人之處。

亞馬遜年會主題叫做 re:Invent，他們提出了 re-imagine 的概念。我們正處在一個快速變遷的時代，當機器智慧已超過人類，世界將被徹底顛覆。我們一定要有想像力，才能重新設計未來。

以往這是很困難的事情，你必須絕頂聰明、運氣奇佳或有一定規模，才能成功。但現在任何人都可能成為下一個馬雲，答案就在 AWS。利用雲端平台，整合機器學習、大數據和物聯網，可輕鬆在短時間內創造新商業模式。

亞馬遜執行長貝佐斯是很好的管理者，巴菲特盛讚他為當今最佳企業領袖。貝佐斯曾表示企業組織應拆成小團隊，可

用兩片披薩餵飽，意思是將事情簡單化。AWS 發展了許多功能，讓一般人能很便利地利用雲端，從 simple task（簡單工作）著手，由淺入深。

AWS 不大講人工智慧，反而更常提「機器學習」（Machine learning）。未來機器學習可以改變許多事，現在家居語音機器人只是基礎，還有許多生產製造流程將被革新，這正是和台灣最相關的。

這次演講者提到空中巴士的例子。空巴機上有隔間用的複合材料板，為了降低重量，廠商希望探討不同的設計。以往作法是不斷修改模具、慢慢測試，但透過大數據運算結合 AWS 平台，可快速模擬幾百萬種設計，最終的設計比原先減輕了 40% 重量，且更加堅固，對油料節省很有幫助，這就是智慧製造。

AWS 不僅衝擊製造業，也翻轉服務業。最近其和美式足球聯盟（NFL）形成策略夥伴，即時提供球賽各種數據分析，每個球員身上都配有感測器，可計算速度、效率等資料，增加觀賞樂趣。另外亦可立即檢討戰術，比如說四分衛傳球對象有 3 個，電腦可算出傳給不同人的成功機率。

我印象最深的是 AWS 技術常提到人機界面的人性化，未來連按鍵盤都省了，透過語音，每個人均可輕鬆的操控機器。這和我在辦公室的情景一模一樣：「幫我接上海的 Jenny」、「幫我把 Project X 的檔案拿過來」。

我有一種感覺，我將非常適應以語音為主的環境，它會讓我變得更有效率。亞馬遜的 Alexa，已超越蘋果和 Google，成為智慧家庭的領導者，說明貝佐斯對未來趨勢的敏銳度。

AWS 的理念，是讓所有人都能成為新經濟更好的「建造者」（Builder），由其來提供平台及工具，就如同 TSMC（台積電）造就了無數小型 IC 設計業者一樣。

AWS 的市場地位和 TSMC 有驚人的相似：TSMC 市佔率超過五成，第 2 名只有 10 ％；AWS 市佔率 44%，第 2 名微軟約 10%。如同 TSMC，AWS 也是大小通吃，它有最完整的服務，便利性無與倫比。無怪乎 Google 酸溜溜說：「我們並不想搶 AWS 的大客戶，因為光做小客戶就做不完了。」

過去 30 年，台灣經歷了幾個世代：首先是英特爾為主的硬體世代，其次是微軟的軟體世代，過去幾年為谷歌（安卓）的互聯網世代。台灣硬體強，但這幾年發展跌跌撞撞。現在全世界已進入第四世代，萬物透過物聯網和雲端相連，實體世界和網路世界將整合在一起。

尹衍樑為何要把大潤發賣給阿里？因為他已預見線上對線下帶來的衝擊。台灣企業是舊經濟，中國卻漸漸走向新經濟；中國不一定會整合台灣，但新經濟將侵蝕舊經濟。

上周參加一場論壇，演講者是蝦皮母公司的 CEO。他是印度裔美國人，從小玩伴都是台灣人，現在新加坡工作，近期因

台灣市場而聲名大噪。他提到台灣有優秀人才、充裕資金和優質消費者，但很少人懂得用新經濟商業模式賺錢，對其而言這是絕佳機會。同樣， Google 也看到了台灣的潛能，來台灣買人。

台灣應作為整合者，整合別人的資源，創造更大的價值。然而未來 10 年的現實是，優秀的台灣人將流落四方，成為被別人整合的元素，造就下一個蝦皮和阿里。

並非沒有例外。上個月，金車噶瑪蘭拿下世界年度酒廠冠軍，這就和吳寶春得到麵包冠軍一樣。西方人的東西，但被台灣人發揚光大。

上周台灣期交所榮獲全球年度交易所，關鍵在於新商品「瘋狂式創新」、以及廣泛的國際連結。交易所代表平台，因以這項成就特別難得可貴。

台灣有好材料，但如不懂得做菜，只會浪費掉。

10 年前我們稱 Acer 和 Asus 為「雙 A」。過去 5 年，另外兩個「A」主宰了台灣： Apple 和 Alibaba。

今天，雙 A 又有了新的定義：AI 和 AWS。

我們準備好了嗎？ See you in Heaven!

1.11
日本養老院走一遭，老總：
將來又老又窮沒人顧的，
不是日本人，是台灣人

◆

——————— 2017.12.18 ———————

《亞洲週刊》今年年度漢字是「智」，反觀台灣，
我們的票選字是「茫」，沒有方向、沒有信心。

◆

「你膝蓋間的軟骨有磨損，造成行動不便。要解決這個問題，
首先一定要減重，減少膝蓋的負荷，其次要避免劇烈的運動
如跑步，你可以考慮游泳。」

在骨科診所內，大夫面色凝重地對我說。我年未 60，但可能
因為沒有好好保養，走路時膝蓋會疼痛，也無法久站，所有
老年人的毛病都有了。

我的心還很年輕，但身體老化了。

在球類比賽，經常我們會碰到一種大幅落後的情況，比如說棒球賽第 9 局，尚以 7 比 0 落後，或者是籃球賽已打到第 4 節，對手以 30 分遙遙領先，在這種狀況下應該怎麼辦？

通常有三種作法，第一是放棄，反正輸定了，不要再浪費子彈，派替補球員上場。

第二是站穩腳步，慢慢追分，小輸為贏，不要讓結果太難看。

第三是重新振作，展開絕地大反攻，最後奇蹟式的反敗為勝。

今天的台灣，就像一個黃金歲月已過的老球員，面對比賽大幅落後，差距越來越大，因應的策略為何？

首先，我們心態要改，台灣已經老了，不能再逞強，硬做年輕後起之秀才能幹的事。其次，在世界舞台上，我們只是微不足道的小角色，不要期待和大國平起平坐，能繼續參加比賽就很不錯了。

台灣的老，不只是人口結構全面老化，也反映在經濟和產業結構上，我們可從 4 個層面來分析：

第一是電子業。台灣傳統模式是代工，依賴蘋果等大客戶，iPhone X 銷售不佳，狂砍台積電訂單，鴻海和大立光近期股價大幅滑落，問題癥結大家都很清楚。

第二是傳統製造業。許多廠商過去靠中國低廉的勞動成本賺錢，現在中國人口紅利沒了，台灣投資環境有 5 缺，東南亞對台灣又不友善，多方面夾殺，很多人撐不下去。

第三是中國內需行業。過去像康師傅在中國曾有 20 年好光景，但近年大陸本土品牌崛起，台商沒有轉型，再加上中國保護主義，台灣品牌在大陸全面大撤退。

第四是新經濟，也就是和互聯網相關的行業。中國現已成為全球新經濟龍頭，「新零售」更把線上和線下整合起來。反觀台灣卻連電子支付都搞不定，也難怪尹衍樑要把大潤發賣給阿里巴巴。

總結來說，台灣傳統經濟已陷入嚴重老化，而新經濟又未銜接上來，未來只剩下個人打工價值，沒有企業或品牌價值，因此人才將大量流失，從 20 歲到 60 歲，轉赴中國或東南亞工作。

政府許多措施，都沒有對症下藥，肯定不會有效。比如說鼓勵年輕人創業，但台灣許多資源仍在大企業手中，投資環境不佳，企業奄奄一息，低薪也不會改善，創新動能如何能發揚光大？

台灣現有法規完全是為老人設計的，以 40 年前製造業的思維，制訂保護勞工的「一例一休」辦法。

反觀中國，卻全面擁抱新經濟。最近中國工信部公布了促進新一代人工智能產業發展 3 年行動計劃，到 2020 年，要讓中國人工智能在 8 個領域取得重要突破，形成國際競爭優勢，包括智能網聯汽車、智能服務機器人、智能無人機、視頻圖像身分識別系統、智能語音交互系統等。換言之，中國正全面邁向一個智能型國家。

上周，馬雲宣布成立無人汽車店，將取代傳統 4S 店，未來可以用手機預約、到店提車、開車走人，全程沒有一個服務員，全球大廠如福特、賓士都已表達加入強烈意願。

最近，香港聯交所作出有史以來最大的顛覆性改革，修改上市制度，允許「同股不同權」，為的就是吸引阿里這樣的新經濟企業。4 年前，港交所由於法令僵固，導致阿里巴巴改赴美上市。上周港交所總裁發文「新經濟、新時代、香港歡迎您！」香港將取代台灣，成為亞洲科技（新經濟）最佳資本市場。

20 年前，我還在協助老舊的中國國營企業在香港包裝上市，騙國際投資人的錢。我從來沒有想到中國和香港如今都能脫胎換骨，朝向新經濟轉型，這就是返老還童的策略。

美國職業球隊為了重建，通常會送走年華老去、身手不再的大牌球員，騰出薪資空間，引進年輕好手、積極培養。今年美國職棒冠軍太空人隊就是用這種方法，從超級爛隊鹹魚翻身。

台灣經濟仍在依靠老球員，但他們終有退休的一天。《遠見》這期封面故事報導台灣家族企業交班危機，一位老闆表示：「這是失敗的傳承，我已使不上力。」我的一位客戶對我說：「重新創業比轉型容易」。

新經濟的生態系尚未在台灣快速萌芽，因此台灣很難複製美國或中國的顛覆式創新模式。未來必須循序漸進，由老企業推動轉型升級，但一定要和外部的新創企業合作，單獨靠一方都不會成功。

上周在日本考察養老院。日本是亞洲最高齡的國家，有一套完善的養老系統，但仍然人手不足。如今大陸積極挖角台灣醫養人才，未來我們會不會又老又窮又無人照顧，成為「下流老人」？

《亞洲週刊》今年年度漢字是「智」，選得很好，今年是 AI 元年，而中國從上到下全民 AI。反觀台灣，我們的票選字是「茫」，沒有方向、沒有信心、也沒有辦法，這是誰的錯？

中國、香港和東南亞都在往前看，大步向前走，台灣卻花精力往後走，搞促轉條例、修改課綱、追殺黨產。兩個年度代表字，清楚反應了兩岸現實。

「智慧中國」vs.「失智台灣」。

不要笑，「AI China」vs.「Alzheimer Taiwan」將會是「新常態」！

1.12
「脫台者」給我們的警訊：
台灣不是北韓，民主自由都不缺，
為何這麼多人出走

◆

─────── 2018.06.04 ───────

描述日益活躍的「脫台者」。

全球化 3.0 的成功模式是什麼？我不知道，

但我知道絕對不會是待在台灣等著果子掉下來。

◆

我小學時候，大約是 1960-70 年代，中國大陸正在搞文化大革命，一切以政治掛帥，經濟落後，人民生活困苦，老師說大家都住在人民公社，必須以樹皮果腹，我們稱那裡為「共產鐵幕」，不時有人民逃離出來。

隨著全世界經濟開放，封閉鐵幕一個個被打開，例如東德和北越，中國大陸雖仍奉行共產主義，但許多地方已和資本主義及全球接軌，成為開放的市場經濟，全世界唯一還能稱之為鐵幕的地方，只剩下北韓。

北韓實施嚴格管制，那些僥倖逃離的人，被稱為「脫北者」。幾年前一位北韓女孩根據她自身經驗，寫了一本以脫北者為題材的書，非常暢銷。最近金正恩決定放棄核武，和南韓和解，未來會全力發展經濟，因此全世界最後一個鐵幕，幾年後恐怕也將消失。

也正因為如此，當我最近讀到英國 BBC 發表專文，描述日益活躍的「脫台者」現象時，感到非常驚訝。

當然台灣絕非鐵幕，也不是共產社會，我們一向以民主、開放的價值而自豪，但為何有越來越多台灣人想前進中國大陸？ BBC 所提的脫台者指的是出生自台灣、但現已歸化為中華人民共和國國籍的台灣人，雖然只有幾百人，已逐漸成為趨勢。但如果要算那些想去大陸求學或工作的台灣人，總數可能高達 2 百萬人。

綜觀台灣這兩年的情況，存在許多問題：經濟衰退、貧富不均、政治掛帥、清算鬥爭、缺水缺電、缺工缺人、方向不明、全球孤立、老年少子、薪資停滯、學生無助、農民泣訴、企業出走、價值隕落。中國大陸的確在國際上打壓台灣，兩岸抗爭的結果，台灣必定居於下風。大陸限制陸客來台、停止採購台灣水果，就已經對我們造成重大傷害。台灣人大量赴陸投資、工作、求學，但反方向卻被限制，等於台灣資源淨流出，經濟怎麼可能會好？事實上大陸並不需要依靠台灣，除了半導體以外，然而台灣經濟卻非常依賴大陸。

最近政府表示將嚴審大陸來台專業交流團，再加上台大事件（相關資訊：中國新歌聲台大爆衝突），未來兩岸學術專業交流如「海峽論壇」恐怕也將停擺。大陸國台辦發言人安峰山批評這是「關閉鎖島」，請問這和鐵幕又有何差別？

值得注意的是，大陸指出台灣目前出現「無色覺醒」現象，提倡讓國民黨、民進黨、共產黨比賽誰更愛台灣。安峰山表示「盧麗安現象」已引發台灣關注，兩岸進入「制度與人才之爭」時代。盧麗安也表示，與其說她是「脫台」，不如說是「融陸」。

這代表大陸有十足信心，就算公平競爭也不會輸。換言之，兩岸即使不依靠政治，台灣也會漸漸和大陸融合，這完全是市場經濟，台灣只有媒體和民主自由贏過大陸。小英只能用政治手段，扭轉這個現象，但這是對的嗎？就像川普用關稅強硬手段降低中美貿易逆差，卻引發全世界主要經濟夥伴的憤怒，連共和黨都不支持他。

全世界未來走向聯盟與合作，沒有人希望被孤立。英國脫歐後，許多年輕人外流赴歐工作，外企紛紛改以歐洲為營運中心。台灣不只是和中國大陸對抗，而是和全世界對抗，賭誰會支持台灣，這是一場必輸的戰爭。美國和北韓對峙，請問最後誰贏了？但至少金正恩做得漂亮，保留了面子。

面對台灣逐漸「鐵幕化」現象，個人和企業最應做的事，就是積極走出去，搭建海外平台，想法子和國際資源接軌。台灣仍然是總部，但透過外部平台可以更有效的整合全球資源，不會有「台灣折價」。以個人來說，這代表必須要花一些時間在台灣以外的地方、連結世界。

以往我們有一個錯誤的觀念，認為愛台灣就要待在台灣，「走出去」即等於「出走」。但今天世界變了，現在台灣進入「全球化 3.0」的時代。在全球化 1.0 時代，台灣貿易商飛遍世界尋找訂單；2.0 時期，台商赴中國投資，打造「世界工廠」奇蹟和全球廠商連結。

全球化 3.0 的成功模式是什麼？我不知道，但我知道絕對不會是待在台灣等著果子掉下來。可能是一個年輕人赴廈門創業，一家企業在西安和陸企合資，一個 IC 設計公司在南京台積電新廠旁邊設點，一個台商在新加坡成立東南亞美妝電商。世界就是台灣人的舞台，走出去，才能實現價值，郭台銘是最好的例子。

上周上海宣布「惠台 55 條」措施，內容非常具體，包括專業人士和年輕人就業、年輕人就學等。這是繼「惠台 31 條政策」和「廈門惠台 60 條措施」後，大陸再一次端出的胡蘿蔔。上海是台商大本營，這代表了什麼？

然而在同時，大陸也祭出了棒子。全非洲現只剩下一個國家史瓦帝尼和台灣還有邦交。

周末看了一部電影「高壓行動」（Beirut），非常精彩。在80年代初的中東，男主角周旋於巴勒斯坦人、以色列人、美國人中間，運籌帷幄、力挽狂瀾，談判出不可能的結果。這令我想起文在寅，他即將扭轉局勢、創造奇蹟。

台灣呢？我們未來究竟會怎麼走？

God bless Taiwan!

02

—

貳。

漸趨緊張的
兩岸博弈關係

2.1
一個在台灣 7 年的外國記者：
這裡人 nice、食物好，但就是太舒服了

◆

2016.03.21

20 年前，深圳是台商的大本營，無數藍領勞工替台商打工。新的時代正悄悄來臨，深圳將成為科技創新中心，未來角色互換，台灣白領菁英會替陸企打工。

◆

我的司機小吳跟隨我已有 10 年，從之前的公司到現在公司。他平日除了幫我開車，還協助我處理生活上許多雜事，已成為我不可缺少的得力助手。

我父親的司機做了 30 年，但我不確定小吳是否也會，這與他的忠誠無關，而是現在有了無人車，5 年內會完全商業化，10 年後將大規模取代傳統汽車，這只是人工智慧改變我們未來世界面貌的開端。

AlphaGo 打敗南韓的前世界棋王，轟動全球，不僅加深大家對人工智慧的認識，也讓我們加速邁向未來社會。中國大陸將人工智慧列為國家戰略，企業爭先恐後跨入。

上周臉書創辦人祖克伯和馬雲在一個論壇上對談，對此均表示高度關注。

馬雲說機器會比人類更聰明（clever），但不會比人類更睿智（sagacious），因為機器對友情和愛沒有感覺。

人都會犯錯，但機器不會犯錯。人之所以為人，不只有 IQ，還有 EQ 和同理心。但無論如何，當人工智慧成熟以後，我們可用機器來解決許多問題。

中國大陸的新經濟布局，和台灣相比，從定位上即可分出高下台灣想將網路產業列為國家級戰略，大陸已提出「互聯網＋」，利用網路改變所有產業。

蔡英文表示要發展物聯網產業，但物聯網不是一個產業，也不是產品，它是整個系統，台灣缺乏系統的元件，也不具備整合能力。

人工智慧和物聯網結合，創造了新的系統，如無人車、智慧家庭和智慧製造。智慧取代網路，成為新關鍵詞。

德國人發明「工業 4.0」，台灣也依樣畫葫蘆，搞了一個「生產力 4.0」。「互聯網 +」大行其道，台灣至少應做到「智慧 +」。

蔡英文正在朝這個方向努力，她表示要推動中部地區成為「智慧機械」之都，這是她五大產業之一。

但整體來說，台灣還有很長的路要走。我每次去中國大陸，都會買幾本「互聯網 +」和機器人的書，機場書局就有，台灣沒有這樣的觀念，僅有的出版物也是來自大陸。

這一期英國版「連線」（Wired）雜誌以小米創辦人雷軍為封面人物，做了一個中國創新專題，多達 40 頁。

最聳動的是封面標題：「It's time to copy China」，副標題是「我們可以從大陸最具創造力的 start-up 學習到什麼」。

中國過去是山寨王國，很多人以為現在還是，不知道新一代創新企業正以深圳為基地，全力創造未來，連歐美都望塵莫及。

文章中舉了許多例子，包括全球最大的無人機製造商大疆（深圳現在已有 200 家無人機公司，形成一個生態圈），Google 投資的聲控智慧穿戴型裝置公司 Mobvoi、和最大的創客（makers）、硬體代工商 Seeed 等。

富士康的大型代工模式已落伍，Seeed 每張訂單的數目少於 1,000 件，一天可以做 30 種不同的產品。

結論是中國的科技新一代足以和蘋果及三星等世界大廠競爭，深圳「正逐漸變成像回教聖地麥加一樣，吸引全世界擁有 idea 的人到這裡來實現夢想」。

誇張嗎？一點都不；難受嗎？I bet you do.

台灣創新的發展遠不及中國大陸，我們非但不謙虛自省，還把門關起來。

《太陽的後裔》創收視紀錄，代理商愛奇藝想要進入台灣，卻遭封殺。OTT（影視串流平台）服務早已是世界趨勢，但台灣的數位匯流法規完全在狀況外。

上週參加一個創新創業論壇，有不少來自矽谷的創投和創業家。一位在矽谷和中國大陸工作多年的創投家說，矽谷有很多「技術創新」，但中國大陸卻有「商業模式創新」。

大家探討台灣創新環境的問題，結論是人 nice、食物好，但就是太舒服了。主持人是一位外國記者，他開玩笑說在台灣待了 7 年還不想走。

其實台灣並非沒有希望，有很多聰明的人，在個別層次很優秀，但整體輸給中國大陸。

傑出的台灣人有一個共同特色，那就是跨界，包括跨地域、跨領域。

越來越多的年輕人希望走出去。最近一位建中學生，申請到台大，但考量到國際化學習環境，改以港大為首選。另外一位學生被紐約大學阿布達比分校錄取，獲得 4 年近千萬獎學金。

台灣的學生有想像力。美國太空總署舉辦中學生太空殖民計畫競賽，台中市一所中學榮獲全球十二年級組第二名，可見年輕人並非都是小確幸。

談到跨領域，AlphaGo 團隊的台灣人黃士傑可謂典範，乃這次打敗李世乭的關鍵人物。他是理工背景，也是圍棋六段，讓 AlphaGo 在短時間內棋力大增。

另外一個例子是最近獲得李嘉誠旗下創投入股的 Ambidio，創辦人來自台灣。這家公司的核心技術是立體音效，創辦人大學主修醫檢生技，碩士念音樂科技，因此懂得還原大腦對聲音解析功能，創造新聽覺體驗。（相關報導：讓筆電喇叭變百萬音響！29 歲台灣女孩的公司，李嘉誠、黑眼豆豆搶投資）

未來兩岸是新經濟與傳統經濟的競爭，是開放與封閉的博弈。520 快要到了，習近平對台灣不需文攻武嚇，只要加速

建設互聯網生態圈就行了。台灣的突圍之道在於開放，封閉只會使我們更加沉淪。

20 年前，深圳是台商的大本營，無數藍領勞工替台商打工。新的時代正悄悄來臨，深圳將成為科技創新中心，未來角色互換，台灣白領菁英會替陸企打工。

過世的科技大老溫世仁先生曾想用互聯網改變中國，他的名言是「建設大西部，10 年可成」。未來中國大陸可能會用互聯網來改變台灣，「改變台灣，10 年可成」。

Don't laugh, I can really see it coming.

2.2

郭台銘兩年前說：民主不能當飯吃！
看看今天浩鼎案、柯文哲民調 ... 郭董是對的

•

—————— 2016.04.06 ——————

環境改變了你我，我們卻無法改變環境，但我們仍然
有機會改變自己，前提是跳脫框架、走向世界。

•

清明假期前最後一天，我從大陸趕回台北。用餐時刻，看到
菜色就沒什麼食慾，我隨便扒了兩口，便關上飯盒，看別人
吃飯。

突然間，餐盒上一排小字引起了我的注意：「五色五行養生
餐，健康品味在雲端」，旁邊則寫著「白色養肺、綠色養肝、
黑色養腎、紅色養心、黃色養脾」，這只是行銷手法，但我
不禁莞爾，回想剛才吃了些什麼。

這說明大陸已開始改變，懂得利用文創來提升產品價值，雖
然還不很到位，但和台灣的距離已越來越近。

每個人都需要改變自己。旅美投手王建民在睽違大聯盟 6 年後，靠著重新訓練投球姿勢，終於回到球場。

上週，鴻海郭台銘董事長成為第一家買下日本電子品牌的台灣企業家，證明自己從「製造」轉型「科技」的能力。

郭台銘並非年長轉型的唯一代表，高齡 83 歲的美國前國防部長倫斯斐（Rumsfeld）最近開發了一款 App 叫 Churchill Solitaire（邱吉爾紙牌），大獲好評。這是根據他 70 年代在歐洲擔任外交官時所學的遊戲改編而成，他先口錄下構想，設計師再根據指令完成 App。

重點是嘗試新事物的勇氣。紐約時報最近報導了一個中國無人車公司創業者的故事，他在 Intel 做了 16 年，兩次員工培訓改變了他。第一次演講者提到人若太謹慎會失敗，另一個講者告訴他領導者必須能設計別人沒有走過的未來，於是他辭去了工作創業，正好趕上無人車商機。

我從事金融業，這是一個會有大變動的行業。根據花旗銀行最新報告，歐美銀行未來 10 年恐因金融科技（FinTech）流失 170 萬個工作，占人力比重超過 30%。

台灣大型金控都在大學招募人才，因為新需求大增，很多現有員工會被淘汰。未來需要能跨界的人，包括派駐海外以及從事金融科技。

大家都知道改變的重要，但不知如何著手，許多人心態上沒有改變，仍受限於傳統思維。

我最近 interview 一個大學生，他的理想是進入外商機構，我告訴他兩個問題：

第一、外商並不重視台灣，從外商銀行到麥當勞，不少公司正逐漸撤出台灣。

第二、許多外商工作過於狹隘，無法發揮自我。

還有一位女士向我請教未來方向，她年過 30 仍單身，在外商銀行從事財富管理。我告訴她要利用 10 年工作經驗以及尚可自由移動的優勢，盡快走向海外，比如說去大陸唸個 MBA 或轉赴香港，擴大國際化觸角。

以今天政經局勢來看，在台灣靠個人力量改變有限，因為環境出了問題，我們面臨的是封閉系統，無法和外界充分接軌，唯有走出去才能體驗世界、改變觀念，並將新元素引回台灣。

在不對的系統裡，沒有人能夠把事情做對。加入公司並無法改變你的未來，這就如同期待政黨改變你的未來一樣不切實際。自己的未來自己救，你才是自己的主人。

作為台灣人，我們都期望明天會更好，這也是為何政黨會輪替。但系統的改變並非任何人能夠左右，這和個人的改變沒有關連性。

我們面臨的環境正在快速改變，世界變平了，許多東西混合在一起。「混合」不同於「融合」，可能產生很大的衝突，全球化對台灣來說就是一種混合體驗。

今年美國大選，川普的興起說明美國國內不同階級的矛盾正在加深，傳統社會結構崩解，群眾階級變得模糊，大家混在一起。

最近鬧得沸沸揚揚的浩鼎案則是「資本市場民主化」的結果。浩鼎是一家生技新創公司，沒有任何營收，但股價在名人加持下不斷升高。這種高風險的投資過去只限於機構法人，但眾籌趨勢讓一般人也能參與投資，以致不同類型的投資人混合在一起。

散戶由於可以和法人平起平坐，覺得好像沒有風險。翁啟惠院長以為自己仍在知識份子的學術圈裡，殊不知上市公司不能信息不對稱，必須謹言慎行，終於釀成悲劇。

阿拉伯之春 5 週年回顧，許多國家破碎不堪、動盪不安，改變的結果反而導致一個更糟的未來，許多當年參與運動者也感到後悔。

民進黨最近提出未來施政將著重「經濟民主化」，其基本假設就是整體經濟過去分配不公平，所以需要重新分配。民主化的代價是什麼？大方向雖然正確，但操作不可不慎，否則只會引發更多社會動盪。

改變的指標人物就是柯文哲。4 月份的 Monocle 雜誌做了一個台灣專題，Monocle 是英國著名雜誌，以探討全球議題、文化和設計為主。

翻閱之後，令人大失所望。Monocle 原來希望對台北 2016「全球設計之都」（World Design Capital）多作報導，但柯市長從頭到尾主要在談他自由的理念，並表示核心價值如民主、言論自由和人權比政策更重要。

某種角度來說，這反映了台灣今天的社會傾向：意識型態重於實質性改變。這也可能是為何最近柯 P 民意滿意度敬陪末座，即將面臨死亡交叉。

台灣的環境已徹底改變，組合成分不再相同，然而卻無法帶來正能量的變革。環境改變了你我，我們卻無法改變環境，但我們仍然有機會改變自己，前提是跳脫框架、走向世界。

40 年前我考大學時，有一本書叫《拒絕聯考的小子》，今天看來再貼切不過，我們都有機會成為「拒絕 XX 的人」。

郭台銘在兩年前說了一句讓他飽受批評的話：「民主不能當飯吃」，但今天看來他是對的。

He believes in himself.
He tried hard. And he made it.

2.3
彭淮南、李遠哲 ...
這兩個重量級人物，為何正對台灣帶來危險？

◆

———————— 2016.05.04 ————————

不管是政治或經濟，台灣的全球化都反應出一個

盲點：世界要配合台灣的遊戲規則。但台灣不是中國

大陸，我們沒有國際地位、沒有市場，憑什麼？

◆

我每周都會去中國大陸，對於一個幾乎有一半時間在對岸的
人來說，我對兩岸情勢有一定程度的敏感。

有些事情正在起變化。

幾周前我在北京和一位老朋友見面，他非常國際化，穿梭於
歐洲和大陸之間，對台灣也頗了解，我送了他一本我的書
《邁向下一個台灣》。

「老黃，我一定會好好拜讀，你的專業和對台灣的熱情都沒
話說，不過請容許我給你一個建議，如果你書名不提台灣，

結果會更好，比如說你可以談創新，主要還是因為有些人對台灣有不同的意見。」

在此同時，我又拜訪了另一位企業的老總：

「我還是很希望和台灣合作，但蔡英文究竟會怎麼走我們也很擔心，如果不承認一個中國，非但雙方合作基礎會受到影響，而且可能會有大家都不樂見的結果。」

這兩段話是在電話詐騙事件之前，上周我和一位客戶的交談又有了新焦點：

「你們台灣詐騙可厲害了，我一天到晚接到電話，上次差點被騙。」

大家你一言，我一語，我沒想到雙方的交流居然轉到這個話題上，非常尷尬。

台灣的 creditability 正在崩盤中。

大陸「環球時報」最近做了一個線上民調，有 85.1% 受訪者支持以武力統一台灣，近 6 成大陸網友認為，5 年內是武力攻台的最佳時機，討論區有數萬人留言。

台灣一家媒體特別發表社論，呼籲台商審慎因應大陸新「仇台」情緒，但一些名嘴表示這是對岸嚇唬人的一貫伎倆，從李登輝時代就有，不值得擔心。

換作是我，我會非常擔心，天底下沒有什麼不可能的事情，太陽花改變了台灣現狀和兩岸關係，這是一個大家認為不可能的事件。

金融海嘯是另一個例子，所有財務專家都說絕不可能發生，但這就是黑天鵝。中國大陸不會縱容認定的涉案人，如果他有能力把持有瑞典護照的香港出版商押至大陸審訊，我們即不難理解其最近將馬來西亞 32 名台灣詐騙集團成員遣返中國大陸的舉動。

有人說大陸越這麼做，台灣民眾越反感，兩岸距離會越遠，但問題是大陸還在乎台灣的想法嗎？ 當一個人什麼都不在乎的時候，才是最可怕的。

我們習慣了從台灣看世界，不知道世界的想法。蔡英文主張未來兩岸關係推動必須基於「民主原則」和「普遍民意」，看起來好像很有道理，但我們有沒有想過習近平也必須重視大陸的普遍民意。

Apple Pay 的個案是另一個例子，台灣認為 Apple 是外國公司，到台灣應採用境內系統，商業合作主導權若由境外決定，將弱化境內產業在地優勢及自主權，Apple 表示這是在其他國家「從未碰到的事。」

不管是政治或經濟，台灣的全球化都反應出一個盲點：世界要配合台灣的遊戲規則。但台灣不是中國大陸，我們沒有國際地位、沒有市場，憑什麼？

剛出版新書《傾聽》的龍應台表示，國際地位邊緣化，媒體缺乏全球視野，讓台灣人在自我封鎖和國際封鎖中長大，「看著中國的崛起，台灣人有普遍的自卑。」

龍應台當年質疑台灣人「你為什麼不生氣」，現已變成「為什麼永遠在生氣」。我認為原因是把生氣的方向搞錯了，真正值得生氣的事，我們卻視而未見。

中研院這次改選院長，前院長李遠哲強力主導，改變選舉規則，為他自己的候選人護航，套一句流行的詞，這不就是不折不扣的「黑箱作業」嗎？

我們會為服貿反黑箱，為什麼沒有人質疑中研院的黑箱？因為我們覺得這是高級知識分子的領域，我們不懂。Well，不去管我們不懂的事情才是最大的風險，金融海嘯就是這麼搞出來的。

台灣正面臨一場小型金融海嘯，震央來自中央銀行。美國財政部公布主要貿易夥伴外匯政策，台灣被唯一點名「持續單邊干預外匯市場」，未來極有可能影響台灣加入 TPP 的機會。

彭淮南是全球公認的 12A 總裁，但問題是他刻意不讓大家了解他的作為，高度不透明，要不是這次美國人跳出來講話，也沒有人敢質疑他，殊不知這卻可能讓 TPP 的布局前功盡棄。

一位是崇高的學術家，一位是重量級金融家，他們在專業上都有卓越的成就，但對系統（台灣）而言，卻帶來未知的風險。

我們必須承認，台灣對世界、中國大陸和未來認識太少。對於不知道的事情，你要如何面對？是加以鼓勵？還是加強控制？我們永遠會有控制風險的欲望，但卻可能把如 Apple Pay 這樣和世界與未來接軌的機會擋在門外。

正像龍應台所言，唯有「傾聽」，了解對方，才能穿透每個地方的牆。

面對未來，面對兩岸，我們每一個人都要更客觀深入的傾聽、思考與了解。唯有如此才能坦然面對風險，不致走向極端。

沒有人能預知未來，但我們可以判斷現在事件對未來事件機率的影響，舉例來說，假如「維持現狀」不能為大陸接受，我們就需小心控制反微調課綱、轉型正義等「文化台獨」舉動。

第一季 GDP 為負 0.84%，準行政院長林全說今年保一會有困難，最壞的尚未到來，看著電視上川普的 slogan，我搖搖頭，心中不禁嘆息：

Make Taiwan great again.
Make Taiwan safe again.

2.4
台灣的未來有沒有競爭力？
指標是看台中，
而不是有一個巨蛋爛尾樓的台北

◆

———— 2016.06.13 ————

由此分析，台灣其實有很好的機會，問題是我們政府
從頭到尾只有從本地人民的角度來看事情，卻沒有
思考如何為外來的人口創造價值。

◆

隨著城鎮化的興起，城市變得越來越重要，甚至取代了國
家。今天人們不太會說要去中國、日本，而會說要去上海、
北京或東京，大都市的認同深植於人們心中。

基於這個理由，我非常驚訝地看到新北市剛獲得聯合國世界
銀行國際金融公司與英國金融時報「城市轉型卓越獎」，打
敗韓國釜山等七個城市。新北市獲獎理由包括環保資源回
收、智慧城市、幸福保衛站（照顧弱勢族群）以及全民參與
的預算，均符合全球永續、智慧、公平等重要趨勢。

台灣在國際上沒有生存空間，在 WHA 像個小可憐。但大家沒有想到，台灣真正在全球發光發熱，不是透過政府或政黨，而是透過地方、社會和許多民間組織，上週台灣再次連霸匹茲堡發明展是另一個例子，the parts are greater than the sum!

換個地點，來看中國的深圳。

由於深圳高房價與高工資為當地製造業構成巨大壓力，繼華為計畫將總部遷到東莞後，另一家中興通訊也考慮搬家，市長表示近期有 1.5 萬家企業遷出深圳。

根據 2016 中國城市競爭力報告，深圳連莊第一，之後才是北京 (2) 和上海 (7)。台北、香港和澳門 2015 年還在前 10 名，今年已經不見蹤影。

深圳的增長帶來許多問題，每平方公尺房價 5.6 萬元人民幣，漲幅高達 90%。深圳很早就在騰籠換鳥，最早被趕走的是鴻海，未來深圳會放棄製造，改作創新城市。

創新是未來城市成長的關鍵，全球有 300 家多國籍企業在以色列設創新中心，許多大廠也開始在印尼設研發中心，卻很少人到台灣來。

金融業委外加速，誰是贏家？高盛今年開設華沙委外中心，並大幅增加「班加羅爾」（編按：印度卡納塔克邦的首府，

全國第三大城市。）人手，遷出紐約、倫敦，遷往營運成本較低地點。

倫敦金融時報最近比較全球 15 大城市工作環境，其中有 4 個在亞洲。

以月租金來看，排名為香港 (4)、新加坡 (10)、北京 (12)、上海 (13)；以房租佔收入比看，北京排名第一，接下來為香港 (3)、上海 (5)、新加坡 (12)；通勤所需時間則是北京 (2)、上海 (3)、新加坡 (9)、香港 (14)。

由此分析，台灣其實有很好的機會：生活品質佳、房租低、勞動力素質高、有金融和高科技產業基礎、臨近中國大陸。問題是我們政府從頭到尾只有從本地人民的角度來看事情，卻沒有思考如何為外來的人口創造價值。

兩岸關係趨冷，但台中市長林佳龍表示，台中市希望作為台灣和對岸交流的門戶，令人耳目一新。他主張避開政治，兩岸先進行地方區域層次合作，形成一條跨越海峽兩岸的跨區產業創新走廊。

2017 台北世大運可能因為大巨蛋蓋不成開天窗，但台中市不但要舉辦 2018 年世界花博，林佳龍並宣示 2019 年將舉辦第一屆東亞青年運動會，進而於 2026 年爭取亞運在台中舉辦。

好的領導者不僅有夢想和願景，並且有將其付諸實現的勇氣和行動。

最近桃園機場淹水，成為國際笑話，原本要三期擴建，也因陸客不來而暫緩。新加坡樟宜機場為全球最佳機場，剛宣布將斥資 30 億美元建第 5 座航廈，規模超過 1、2、3 座加總，且第 4 座尚未竣工，這就是前瞻性和魄力。

城市需要不斷想像，才能振奮人心，才能進步。台北市曾有世界最高的高樓，我們早已被超越了，但許多人還活在過去。台北市曾有機會打造東亞最好的巨蛋，不過這顆蛋已破了，現在我們擁有亞洲最大的爛尾樓。

前瞻、開放、連結、執行。台灣城市的未來就是台灣的未來，我投台中市一票！

2.5
全世界不能一天沒有中國，
但可以一天沒有台灣嗎？

◆

2016.06.20

台灣企業越不能和全世界最大的市場接軌，價值就
越低；價值低就沒有籌碼去併別人，但反之對併購者
來說就越有吸引力。

◆

我的浴室裡擺滿了各種牌子的沐浴精，經常用的一個品牌叫
做瑰柏翠（Crabtree & Eyelyn）。

半年前，這個品牌被中資買走了，我心裡覺得怪怪的，之
後就比較少用他們的產品，如同當初 IBM 被聯想收購時
的感覺。

現在我常用的牌子是法國的歐舒丹（L'Occitane）。這家公
司非常注重中國市場，當初上市的時候特別選在香港，承銷
商是我的老東家里昂證券，但里昂四年前被中國大陸最大券
商中信併購了，台灣的子公司變成中資，差點被勒令關門，

後來轉給法國母公司才解決問題。如果有一天歐舒丹被陸企併購，我也不會覺得意外。

中國大陸對全球併購的狂潮，腳步不斷加快，以往第一階段目標是天然資源，第二階段著重技術的取得，現在轉向第三階段，標的是民生消費的領導品牌。

在食的方面，美國最大的豬肉加工商 Smithfield 三年前被河南雙匯併購，中國大陸還積極在澳洲、以色列和英國收購食品和農產品企業。

在衣的部分，山東如意買下了日本 Renown，該公司擁有西裝 D'Urban 等品牌，這也是我過去常穿的牌子，現在我改穿英國品牌。

談到住的層面，這是中國大陸最有興趣的。過去幾年，有幾百億美元流入歐美房地產市場，包括紐約、舊金山、洛杉磯、倫敦和澳洲等地，數字還不斷上升中。台北市也有許多陸資擁有的房地產和商務酒店，都是改頭換面透過不同型式進來的。

擴大到酒店投資，那更誇張，大陸安邦保險去年以 19.5 億美元收購紐約最著名的華爾道夫酒店。被中資買下後，美國總統基於安全理由從此不能再住在那裡。最近安邦又準備花 140 億美元併購擁有喜來登、W 等品牌的喜達屋，直到最後一刻鐘才放棄。

至於行的部分，由林書豪所代言的 Volvo 汽車，早就被浙江吉利汽車買下。談到電動車，特斯拉以外的領導品牌都來自中國大陸。

上海著名的民企復星集團，其投資重點強調 Health（健康）、Happiness（快樂）和 Wealth（財富），非常典型的反映了當前大陸流行投資風格。

復星近年併購了休閒連鎖酒店地中海俱樂部（Club Med），又買下著名的太陽馬戲團。除了這些大手筆外，他們還買了以色列雷射醫美器械以及用死海泥巴做成女性護膚產品的領導品牌。

隨著互聯網快速發展，中國大陸企業近期投資重點轉到內容方面。王健林買下了好萊塢傳奇影業，馬上因「魔獸」而大發利市；馬雲正計畫以 70 億美元收購派拉蒙。將來台灣進口的電影可能都是中資，現在政府還要限制中資染指媒體，豈不是白費力氣？

幾年前，有一個美國人寫了一本書《A Year Without "Made in China"》，探討中國產品在日常生活中無所不在的現象，她試著一整年不用中國製造的產品，結果發現非常不方便。

對台灣來說，當前危機在於中國大陸已從低端製造發展到高端技術。全世界最大的 LED 設備製造商德國 Aixtron 剛被福

建企業買下，全球第三大機器人製造商德國 Kuka 則被大陸家電大廠美的集團（Midea）併購。

大陸要買就買最好的，美國對中國併購其高科技企業有所限制，大陸就將矛頭轉往德國和以色列。今年以來，陸企每周併購一家德企，搞得德國政府也不得不研究制定限制陸資法規。

台灣一直喊要發展「離岸風電」，但最近一件事重創這個產業。我們強調「風機國產化」，和一家荷蘭公司簽約，準備技術移轉，但這家公司剛被中資併購，以致計畫被民進黨喊停，過去幾年的努力前功盡棄。

上周台灣最大半導體設備製造商漢微科以 1,000 億新台幣賣給全球最大的 ASML，未來這種例子會越來越多。一個封閉的台灣，企業價值會不斷減損，企業家不願再投資，只想見好就收。

未來台灣會有幾種情形：一流企業賣給外資，二流企業被中資入股（如果法令允許），三流企業本土合併（日月光和矽品強強結合算是例外），剩下的企業只能等著被淘汰。

道理很簡單，台灣企業越不能和全世界最大的市場接軌，價值就越低；價值低就沒有籌碼去併別人，但反之對併購者來說就越有吸引力。

1,000 億台幣看來很多，其實不然，微軟剛以 262 億美元併購 LinkedIn，聯發科現在的市值只有 100 億美元左右。假如有一天英特爾或高通要入股聯發科，我們該怎麼辦？英特爾已參股紫光 20%，高通也和中芯半導體合資。

漢微科被併，有人說台灣資本市場可投資標的變少了，完全正確。台積電市值佔台灣半導體產業 70%，鴻海市值占 NB/PC 產業 70%，把明星拿走，台灣其實剩下不多。

台積電 80% 在外國人手裡，在美國市場上就買得到，中國大陸以微軟買 LinkedIn 的錢，可買到 1/4 的台積電，長期投資，完全合法，遠比對台灣文攻武嚇要更有效。

台灣能做什麼？第一、走出去海外併購，歐美有很多公司不願意賣給中資；第二、本土業者加速整合，如日月光；第三、和中國大陸合作，我們沒有什麼真正的領先，不合作只會困死自己。

全世界不能「A Year Without China」，但可以「A Year Without Taiwan」。

2.6
陸客不來的台灣，
有了寧靜，卻沒有了鈔票，
哪個比較重要？

◆

2016.08.01

對台灣而言，下一個中國商機早已不是百萬大軍
的手機組裝工廠，而是各式各樣的服務業。

◆

天氣炎熱，我決定放幾天假，這次我選擇的地點是泰國某小
島。這幾年我身體不佳，沒辦法上山下海，頂多找一個海邊
度假勝地，泡泡水讓自己淨空。

我住的是一家五星級頂級酒店，設施高檔，房間為附有游泳
池的 Villa，一切看起來都相當美好。

到達第二天我一大早就到餐廳用餐，一開始沒有什麼人，漸
漸地人多了，有外國也有中國遊客：八點半以後，突然湧進
大批大陸客人，多數是年輕夫妻帶著小孩，我算了一下，整
個餐廳有二、三十個小朋友，跑上跑下玩耍，我趕緊逃離現場。

前一陣子台灣網民設計了一系列對中國觀光客不友善的廣告，主題是「中國客不來寧靜來了」，看來有幾分真實。可是有了寧靜，卻沒有了鈔票，哪個比較重要？

全世界沒有人會排斥中國旅客，因為數量不僅最多，消費力最強，歐洲許多精品店都有說華語的銷售人員。十幾年前在東南亞老外住高級酒店，華人多半住比較便宜的旅館，現在正好相反。

日前有消息稱泰國民眾排斥中國遊客，泰國旅遊部長馬上出來澄清，許多地區拉起「我愛中國人」橫幅。去年有 800 萬名中國遊客赴泰旅遊，創造 3,800 億泰銖收入，對經濟貢獻巨大。

大陸旅遊平台調查今夏海外旅遊目的地，前 10 名有 6 個在亞洲，分別是泰國（1）、日本（2）、韓國（3）、菲律賓（4）、印尼（6）、新加坡（10），香港和台灣均掉出 10 名外。

以前陸客去香港是因為迪士尼，但現在已被上海取代。台灣呢？這裡一向是許多大陸朋友認為一輩子一定要來的地方，「台灣最美的風景是人」，這句話還成立嗎？我們已把自己的名聲給毀了。

台灣正漸漸從世界地圖上消失，這次我在機場買了一本雜誌，調查全球旅遊景點和酒店排名，亞洲前 10 名觀光城

市中，泰國清邁排第一，其餘分布在日本、寮國、柬埔寨、越南、印尼、印度和中國。

前 10 名城市酒店中，大陸有 4 家、印度 2 家、東京、曼谷、新加坡各一。前 10 名度假酒店中，印度 4 家、泰國 3 家、印尼 2 家、越南 1 家。台灣沒有任何觀光資源能夠吸引國際遊客。

把陸客排除，台灣會受到極大衝擊，其他地區的旅客根本無法取代。同理，在經貿上排除中國，也不可能靠東南亞市場來彌補。台灣已開始體會到去中國化的苦果，這個決策何其粗糙和不負責任。

最近英國《經濟學人》雜誌做了一個封面專題，探討中國龐大中產階級在經濟和政治上的影響。根據麥肯錫的研究，大陸在 2000 年時僅有 5 百萬戶中產階級，現已成長到 2.25 億戶，定義是年收入在 7.5 萬至 28 萬人民幣之間。

這群人相對年輕，大部分住在城市，許多人還不到 35 歲，是家中唯一的小孩，對父母那個動亂的年代沒有記憶，多數均有大學學歷。也正因為如此，許多人都很有主見，我在泰國度假酒店遇到的部分遊客屬於這一個族群。

這群人是精明的消費者，與其說他們盲目追求高檔外國名牌，其實他們更重視商品價值和性價比，他們並非吃康師傅

泡麵的工人，也不是只買 iPhone 的果粉。不少外商正重新評估中國市場策略，蘋果、肯德基、可口可樂最近在中國銷售均不如預期。

上周華為公布第二季手機出貨成長 16%，超越蘋果與三星，成為大陸智慧手機市占率最大（25%）的公司，華為技術比小米強、價格比蘋果低，象徵了中國本土品牌新勢力崛起，以及消費者需求的改變。

但即便如此，中國還是有太多無法滿足的需求，特別在新興中產階級所追求的領域（健康、快樂、財富），因此開始走向海外。醫療健康是大陸下一個爆發成長亮點，另外很多人除了想去海外旅遊、把小孩送出國念書，也想投資海外房地產。

對台灣而言，下一個中國商機早已不是百萬大軍的手機組裝工廠，而是各式各樣的服務業：醫美、健診、坐月子中心、兒童英語教育、文創商圈、海外房地產仲介、跨國財富管理等。

挑戰是創新、差異化、人才、管理和快速複製。我有客戶面對大陸金主上億甚至幾十億人民幣的投資請求，完全不敢承受。很多東西是急不得的，但只要你有能力和企圖心，在幾年內打造一個王國並非不可能。

大陸中產階級的興起，代表未來不僅少數人、而是很多人都會富起來，追求更好的生活。台灣人可用專業來協助大陸中

產階級過好日子，同時也讓自己變得更好，或眼睜睜看著自己沉淪，被世界拋棄。

兩岸早已不在同一個檔次。上周大陸宣布 Uber 這類網路叫車合法化，成為全球第一個開放國家。在此同時，台灣交通部卻計畫對 Uber 加重處分，撤銷其在台投資許可。

大陸「十三五規畫」有五大重要理念：創新、協調、綠能、開放和共享。前三點和小英政策類似，協調指的是解決區域貧富不均。但後兩點的格局明顯超越台灣，看到 Uber 的開放你就會懂是什麼意思，大陸已走向知識經濟和共享經濟，台灣反而因為勞資糾紛而停滯不前。

我不禁想起潘越雲的歌《錯誤的離別》：一切都停了，都停了。

也許有一天，陸客會重拾他們對台灣的興趣，因為在這裡，他們會找到 30 年前才有的東西，在這個原始純樸的社會裡，時間好像凍結了，直到永遠。

2.7
在中國打滾 20 年，第一次想退休
老總：中國現在是「打工天堂」
但以後回得了台灣嗎？

◆

———————— 2016.11.07 ————————

以往台商的創業模式是「中國＋」，

未來必須三地連結，

「台灣＋中國＋美國（或東南亞）」。

◆

在上海某個酒店的洗手間內，旁邊突然有人叫我的名字，是張熟悉的臉孔，卻一下子想不起是誰。

原來是我過去的客戶，他是一位台商，以前從事製造業，也有投資房地產。他告訴我製造已不做了，後來靠房地產賺了不少錢，這幾年做天使投資人，叫我有好案子可以介紹給他。

中國房地產正面臨泡沫化危機，傳統台商由於人口紅利不再、經濟結構轉型，已逐漸收攤。但只要去得夠早，還是有不少人賺到錢。後期才去的台商命運差別很大。

不只是台資企業，許多外商也覺得中國賺錢不易，開始調整策略，摩根大通近期出售其中國合資證券公司持股就是一例。

這並不代表兩岸服貿協議沒有通過是對的，關鍵在於「時機」。中國大陸當時給了台灣前所未有的優惠待遇，甚至超越歐美，光境外機構投資者可匯入金額（RQFII）就高達1千億人民幣，假如趕上當時A股熱潮，證券公司投資收益將極為可觀。

我兩周前去了矽谷，上周在中國，兩相比較，我還是對美國較有感覺，對於中國反而覺得困難重重，機會有，但找不到好的切入點。

為什麼？因為門檻提高了，中國不再是隨手可摘到的果實，你必須祭出渾身解數，才有可能成功。一位上市公司老闆告訴我，他很後悔沒有早一點經營中國通路和電商市場，雖然他在代工領域很成功。現在想要做，但競爭門檻很高，而他已屆退休年齡。

中國不再是 Me Too 市場，而且要從 Better 變成 Best。

我相當憂慮，假如我中國跑了 20 多年，都有這種感覺，那麼其他人呢？我不禁感到疲憊，第一次「退休」這個念頭在我腦海閃過，雖然很快就消失了，但這是過去從未發生的事。這反映了中國台商普遍的心境，「收割」（Harvest）或「退出」（Exit）足以形容一切。

中國市場有三個成長階段，從台商所熟悉的「中國製造」到「中國消費」，現在已發展到「高端有特色及價值的消費」，最新的主旋律則是「中國創新」，如無人車、無人機、大數據、O2O 等，把台商遠遠拋在後面。

周日從上海虹橋搭機回台時，發現一個有趣的現象：傳統台商大幅減少，取而代之的是年輕的職場新貴，許多和服務業有關，如品牌行銷，均於屬高級打工族，而非創業家。

偷聽他們的對話，我感覺他們日子過得挺好的，能量四射、充滿希望，是不折不扣的菁英，但我好奇的是，他們將來還回得了台灣嗎？回來能做什麼？

對於台灣人而言，中國可能是創業的墳場，卻是打工的天堂，可以拿到比台灣高 2、3 倍的薪水，但也造成人才大幅流失。

假如我年輕 30 歲，我可能會選擇去外商公司在中國的辦公室上班，因為可以東西融合，但我條件需要相當優秀，而且不一定能搶到管理職位。

假如年輕人希望快速成為一個小領域的領導者，那就應該往東南亞新興市場跑，只要表現好，很快就可以成為一個區經理。

不過創業又是另外一回事，假如要創業，你會選擇哪裡？中國、東南亞還是美國？

這個問題很難回答，事實上不論哪裡都充滿挑戰，台灣已經很難出現另一個像台積電、鴻海的企業，即使聯發科、康師傅都不可能。

政府經常誤導民眾要遠離中國市場，事實上中國才是世界經濟成長的引擎，對全球的貢獻度是美國的 4 倍。資源型國家經濟依賴中國，外銷導向型國家更離不開中國，連發達國家如德國也和中國息息相關，中國現已是德國第三大出口市場。

以往台商的創業模式是「中國＋」，未來必須三地連結，「台灣＋中國＋美國（或東南亞）」。為什麼仍然少不了中國？因為中國連結了全球經濟，而且市場龐大，有槓桿效應。

台灣最好的公司都懂得全球布局。台積電全年資本支出 100 億美元，投資南京 30 億美元；鴻海併購夏普、進軍印度，大舉投資新創事業、從台灣到美國。

從這個角度分析，一個人在年輕的時候，應多出去走走，全球經驗和國際視野是人生必修的學分，有沒有差別很大。

年齡稍長之後，可以回台灣，創造一個「立足台灣，連結世界」的企業。今天台灣的悲哀是，有不少人回來只是為了退休，在花蓮買一棟別墅，或做一些生醫投資，尋找養生防老的新技術，但沒有強烈成功的慾望。

台灣必須有更多的創業創新，才能帶動成長。張忠謀說沒有成長就不可能解決分配，但也指出創新其實是分配問題的罪魁禍首。

李開復上周宣稱未來90%簡單的工作都會被人工智慧取代，這其實是年輕人創業的機會，你可以繼續抗爭世界的不公不義，也可以選擇以創新商業模式取代別人的工作。雖然總體就業問題不會改善，但創新者會取得重分配後的利益。

台灣會走上創新還是分配？或許本周從希拉蕊和川普的選舉結果，將可得到答案。

2.8
陸客將大量來台？別只想賺機會財！
台灣正陷入「收入陷阱」，
我們該改掉的錯誤觀念

◆

———————— 2017.04.25 ————————

台灣有一個錯誤的觀念，認為創新是台積電的事，

老百姓只要溫飽，不要談什麼新概念。

◆

上週選舉過後，我到香港去了一趟，和一位中國朋友聊天。我們的話題當然脫離不了這次選舉，我告訴他由於藍軍大勝，一般預期台灣政策可能會更向中國傾斜，未來兩岸交流可能會很頻繁。

他的回答令我有些驚訝，他說這雖然是好事，但希望兩岸不要變得像香港一樣，台灣在開放程度上仍應保有自己的特質。他的反應令我想起選前一周我碰到的另一位中國朋友，他來台開會，但有一個下午他人卻不見了，原來是去觀摩選舉造勢，興奮得不得了。

這說明了什麼？台灣的民主進程是所有中國人以及海外華人的希望，這是台灣最可貴的價值。

蔡英文在敗選後給黨員的一封信中表示：「民進黨贏了是民主，國民黨贏了也是民主」，說明她已經開始聆聽人民的聲音。韓國瑜說高雄最可貴的特質是愛與包容，其實這不只是「高雄價值」，也是「台灣價值」。台灣民眾超越意識形態，包容並支持新候選人，這何嘗不是台灣價值的體現？

太陽花學運後，大陸對台政策調整，不再以和大財團打交道為主，開始注重「三中一青」，也就是中小企業、中低收入、中南部以及青年。這次選舉，民進黨慘敗，很多「三中一青」的票改投給了藍軍，並非因為國民黨或共產黨厲害，主要都是由於韓國瑜。

不過台灣正掀起新一波的「三中」運動，代表中國、中間和中山。台灣傾向「中國」，但這是大多數人民主的決定；台灣選民向「中間」靠攏，藍綠靠一邊站，民意大於黨意。台灣選民重新燃起對中華民國的熱情，以及對國旗的擁抱，象徵孫「中山」理念的復活。

民進黨可能還無法從挫敗中釋懷，不明白為何會輸成這樣，坦白說這也出乎所有人的意料之外。小英一定特別難以接受，我想送她一首歌，Adele（愛黛兒）的「Someone like you」。

愛黛兒不是美女，但非常有氣質，真情流露，可以稱之為
才女。她來自英國，而小英也是留英，兩人境遇相似，應該
有共鳴。

「Someone like you」是愛黛兒 2011 年的經典情歌，可算
是西洋版的「領悟」，描述一個女子懷念她前男友，哀怨動
人。男友娶了別人，聽說夢想成真，對方給了男友她沒給的。

「Never mind, I'll find someone like you.」
（沒關係，我會找一個像你一樣的人）

「I wish nothing but the best for you too.」
（我也只是希望你一切都好）

「Don't forget me, I beg, I remember you said.」
（我求你，別忘了我，記得你說過）

「Sometimes it lasts in love, but sometimes it hurts
instead.」
（我們有時為愛而活，但有時卻因愛而傷）

選民就像男朋友，相愛的時候愛得要死，一旦分手也會漸漸
淡忘。蔡總統需知道，想再找一個像以前男朋友的人是沒有
用的。民進黨不要期待人民會輕易回心轉意，反而應忘記
過去，先改變自己，才能重新挽回民眾的心。

短期內，陸客會大量來台，北京現已有旅行社推出「高雄行」，參觀地點除了旗津之外，還包括「三山」，並指名要吃韓國瑜的滷肉飯，另外農產品的採購當然是下一步。台灣打了上半場好球，下半場對岸要來接棒。

但從長遠來說，這些都只是「機會財」，台灣企業真正應該做的，是利用這個機會「轉型升級」。換言之，努力「上進」比等待「流進」更重要。假如我們安於現狀，就會重回 25 年前的情況。當年由於中國市場開放，許多企業把工廠搬到對岸，從事低成本生產製造，雖然享盡人口紅利，卻也喪失了向上轉型的企圖心，造成今日的危機。

中美貿易大戰，全球生產中心大量由中國向海外分散。台北市電腦公會理事長表示，東南亞取代中國製造基地是「假議題」，現有大型廠區集中生產模式難以複製，中小規模廠區、分散式生產組成的跨國製造聚落，將在未來 10 年崛起。

換言之，不管我們是否喜歡，未來可能都難以逃脫到全球各地開關疆土的命運。這回歸到台灣最根本的基因，就是面向大海、擁抱世界。作為一個海洋城市，高雄肩負著重要的使命：在新時代來臨之際，扮演關鍵的樞紐，引領台灣譜寫新的篇章。

經濟學上有一個名詞「中等收入陷阱」，代表一個國家由於某種優勢達到了一定收入水平，將停留在該經濟水平狀態，停滯不前。這些國家通常有以下特色：

1. 投資比例低
2. 製造業增長緩慢
3. 產業多元化有限
4. 勞動就業市場不佳

坦白說，台灣近年已有相當程度的症狀，這也是我們被南韓超越的原因。

假如我們一直沉溺於攤販文化，以賣滷肉飯而自滿，那台灣將永遠無法轉型，往先進經濟之林邁進。其實創新的途徑很多：包括往其他國家發展、將生產流程智慧化、開發新商業模式、經營更多種類產品以及和同業策略聯盟擴大規模等，均是可思考的方向。

台灣有一個錯誤的觀念，認為創新是台積電的事，老百姓只要溫飽，不要談什麼新概念。其實越傳統的行業越需要創新，馬雲提出「新零售」，把傳統賣場和新經濟融合，如透過阿里巴巴併購大潤發，現已創造一番新氣象。

蘋果最近市值大跌，讓出蟬聯 7 年的全球市值冠軍寶座給微軟。20 年前微軟是全球企業霸主，這幾年市值一度跌到第 4 名，但 CEO 重新定位，終於反敗為勝。

國民黨不要得意忘形，民進黨無需憂鬱失志。台灣的未來，屬於每一個願意改變的人！

2.9
深圳不再只是喝酒、嫖妓、養小三
過去十年做了四件事，深圳人均 GDP 贏台灣

◆

———————— 2017.08.28 ————————

台灣人很可惜，完全錯失了過去 10 多年深圳新發展
的機遇，只守著昨日代工模式，以致遭到淘汰。

◆

「大家好，歡迎來到我們總部，各位現在所在的位置是...」

我們在深圳市中心某處，我率領一個台灣團來考察「創新」，
這裡是深圳新創企業的大本營。

「深圳本地人口 3 百萬、戶籍人口 1 千 2 百萬、總人口有 2
千萬，現在已成為全國創新中心，光孵化器就有 50 家。」

介紹的小夥子很年輕，口若懸河，指著牆上各種圖表，以飛
快的速度說明。那天只有 9 個參訪團，算是少的，平常可達
到 20 團。我突然看見一個奇特的名詞，舉手發問：

「請問『E&I Model』是什麼意思？」

「啊…這個我也不曉得，是公關公司做的。」

稍後我們在路上廣告牌找到了答案，這指的是「Innovation」（創新）和「Entrepreneurship」（創業），也就是李克強總理提倡的「雙創」，上周他在科技部召開座談會，宣稱創新驅動發展戰略已取得突破性成就。

深圳的確變了，和我過去印象完全不同，主要在於產業結構，以往多半是低層次勞力密集行業，但現在卻圍繞著創新產業，包括 AI、智能硬件、新能源、新材料和電動車等。

在孵化器內，有許多 80、90 後的年輕人，聚精會神地工作，地方雖小，但空氣中瀰漫著一股正能量。

如果說有什麼缺點，那就是城市的 infrastructure（基礎建設）跟不上發展速度，交通非常阻塞，從一個區到另一區需一個小時，許多商店、餐廳擠在一起。

深圳是一個冒險的城市，但早已跳脫以前那種喝酒、嫖妓、包養小三的型態，進化成一個新經濟的淘金聖地，你可以想像 19 世紀的舊金山，穿越時光隧道，轉換到 21 世紀的矽谷。

去年 10 月我曾帶團考察矽谷，深圳的地理環境不如矽谷，但創新能量絕對有過之而無不及，有完整的生態系統，特別在硬件製造上。

深圳的整合能力也很強，在某個孵化器內，我們看到 hTC 的 VR、騰訊的遊戲和 TCL 的電視，透過軟件整合在一起。

深圳的地位這幾年突飛猛進，變成和北京、上海、廣州平起平坐，2016 年 GDP 幾乎和廣州市相等，成長率 9%，在四大城市中居首。

不像北京依賴中央政策，深圳完全靠實力掙得今天的地位，這是一種經濟的民主。照這種速度下去，深圳會超越北京，這也是為何習近平一定要在北京旁邊打造雄安新區的原因。

深圳人很務實，不會花工夫去做虛的事情。我向一位領導請教，是否有大型國際活動在當地舉辦，他說深圳不稀罕這些，其實許多外國公司一拜訪完北京，在中國的第二站就到深圳。 言談之中流露著自信，有實力就不怕和別人競爭。

深圳城市的規模不斷延伸，這次我們考察東部的一個生態新區，依山傍水、風光秀麗，有 65% 的綠化面積，保存許多文化古蹟，適合工作也宜居，和傳統的城區完全不同。

20 多年前，包括鴻海在內的一批台商來到深圳，造就了今日的繁榮，但極少數人像郭台銘，能轉型並向上提升。接待我們的領導說，台灣人很可惜，完全錯失了過去 10 多年深圳新發展的機遇，只守著昨日代工模式，以致遭到淘汰。

深圳的人均 GDP，從 2013 年起已連續 4 年超越台灣，達 2 萬 5 千美元，和台灣的 2 萬 2 千美元距離逐漸拉開。回想 2000 年時，深圳的人均 GDP 只有台灣的 1/3，怎不令人感嘆？

受到深圳衝擊最大的不是台灣，而是香港。在新的粵港澳大灣區政策下，深圳在科技上有明顯優勢，金融也不落人後，就像一個黑洞，會把香港整個吸過去。

一個月前我在香港參加一個論壇，主題是一帶一路和香港的角色。一位香港前政府官員表示香港應擺脫房地產和金融，多引進科技人才。我認為挑戰很大，如果你是矽谷菁英，為何要去香港？深圳或台灣都有生態圈，更有發展機會。

香港習慣以自己作為中心，把別人「引進來」，但未來香港如果要發展一帶一路，必須「走出去」，成為多中心模式，輸出技術和服務。香港不能只作為「超級聯繫人」，更應成為其他國家的「超級戰略夥伴」。

一個城市的興衰，有先天與後天原因，以深圳來說，我認為有以下四點：

第一、市場經濟。深圳的崛起是 bottom-up，不是 top-down，我這次看到一個標語「跟黨一起創業」，但事實正好相反，只要看王健林即懂原因為何。

第二、移民城市。大量移民創造了多元性，這是成功的關鍵。地理並不重要，你很少聽別人說「我是深圳人」，就如同沒有「矽谷人」這個名詞，深圳象徵一個概念，而非地理認同。台灣人，覺悟了嗎？

第三、創新。創新是深圳的基因，在每一個人的血液中。失敗可以被容忍，深圳精神就是不斷跌倒再爬起來。

第四、轉型。這是深圳最偉大的成就，否定自己，從零再開始，騰籠換鳥。

台灣人，造就了深圳的昨天；拋棄台灣，深圳才有今天；台灣的明天，還需多靠深圳。

台灣人才大量流失，國發會主委上周表示，台灣已處在劣勢，越來越失去吸引跨國企業來台設立營運總部的條件。這是誰的錯？1994 年我們提出「亞太營運總部」後，台灣的門就關起來了。

英國脫歐後，企業和人才大量出走，上半年經濟成長乃2012 年以來最差。台灣積極去中，從政治、經濟到文化，未來何去何從？

英國曾經領導世界，台灣曾經領導深圳，兩顆淪落的星星，嗚呼哀哉！

Don't cry for me, Shenzhen. 這是我們的選擇。

2.10
當台商轉型失敗紛紛回台 ...
郭董、川普跟去中國工作的年輕人，
給台灣的共同啟示

•

———— 2018.09.03 ————

我覺得台灣未來充滿無窮希望，我的信心來自一大群

優秀的台灣年輕人堅定地前往中國，

他們明白長期機會所在。

•

「我認為台灣科技公司現在最應該做的事，就是和大陸企業合作。現在台灣還掌握某些相對優勢，但等時機過了，大陸企業自己學會技術，那台灣就一點價值都沒有了。」

和我講話的是一位在中國工作的台灣工程師，他在中國很多年，受到陸企重用，目前已晉升為管理高層，負責策略規劃、投資併購。

「中美貿易大戰對於台灣企業來說是一個機會，因為中國無法直接投資美國，而台灣企業傳統幫美國公司代工，掌握不少先進製造技術，這也是大陸企業看得上台灣的地方。」

我問他如果台灣公司堅持不願和中國公司合作，那又會如何？

「你們當然有權利決定怎麼做，但除非這家公司的技術是世界第一或唯一，否則我們一定能夠找到替代方案，更何況我們可以直接挖角，如果我們把團隊挖走，那麼連投資都省了，企業也不再會有價值。」

他是台灣人，聽他講話時用「你們」和「我們」，還真的有點不習慣，我了解他已不再是「我們」的一份子，而是「他們」的一部分。

作為一個投資銀行家，每天我都會碰到許多投資及併購案件。中美貿易戰開打之後，我最大的感受就是台灣公司是有價值的，但也只是此刻而已，還擁有一些相對競爭優勢。如果我們不懂得如何去實現價值，未來這個窗口一旦關閉，我們將沉淪到谷底。

站在投資的觀點，我們必須發掘長期大趨勢，但光這樣還不足以保證賺錢，投資的精髓就是要抓住對的「時機」，這是比較短期導向的，投得太早或太晚可能都賺不到錢，這也代表「戰略」和「戰術」的不同。

一個很好的例子是台灣面板產業。15 年前，當時我們面板業有很強的競爭優勢，大廠如友達、奇美（現併入群創）和日、韓並駕齊驅。當時中國業者希望和台灣合作，被政府拒絕，未能掌握時機。事到如今，中國業者實力已超越了台灣，

不但能生產比 LCD 更先進的 OLED，還開發出能夠彎曲的柔性面板，把我們拋在後面，台灣業者只能改走利基市場。

為什麼中國業者能後來居上？有很多因素，包括市場、資金、政策和人才，全世界所有高科技大廠，包括蘋果、谷歌、微軟、三星等，均將中國視為兵家必爭之地。台灣缺乏這些條件，若再自我設限，無異自毀長城。

現在面板、手機、互聯網等產業台灣已經輸了，但半導體跟生技還有某些領先優勢，至於 AI、大數據、自駕車等領域則遙遙落後中國。簡言之，我們必須抓緊時機和中國合作，這在半導體產業很明顯，唯一例外是台積電，因為其有無可取代的技術優勢。

少數掌握到「時機」的台灣企業家是郭台銘。他只花了一年時間，就在美國威斯康辛州開始建廠，中國為了留住他，特批 FII 快速審核通過上市，並於今年 A 股開始大跌前成功掛牌，時機掌握得剛好。

另外一個完美時機掌握者是川普，他在最後一刻阻止博通併購高通，並且馬上要求高通禁售晶片給中興通訊，非常有效果。

投資大師巴菲特也很會掌握時機，前 2 年他在蘋果大跌時進貨，當時眾人都不看好蘋果前景，如今隨著蘋果市值破兆美元，巴菲特成了最大贏家。

中美貿易大戰第一回合，美國很明顯贏了。從時機來看，我們應撤出中國、前進美國。但如果你用較長期的觀點，這代表美國衰退的開始，川普當然知道這點，所以他要拖延中國產業升級的速度，讓「中國製造 2025」無法準時實現。

回顧歷史，今天中國最成功的台商如康師傅和鴻海，30 年前進入中國市場，那時全世界沒有人想去中國，但當時大膽布局、危機入市的人，成了後來超級贏家。今天中國應該進還是出？值得深思。

商周上周出了「台商大洄游」的封面報導，台灣年輕人很明顯和企業家觀點不同，他們長期看好中國，所以持續前進中國，加入一流企業工作實習。然而台商卻因沒有即時轉型，陷於製造代工模式，進退維谷，只好回台。

站在政府和民間的角度，我們應該高興嗎？恐怕未必，台灣有 5 缺、不利製造，中國也有人口紅利消失、土地成本高漲、環保法令嚴苛等障礙，台商如果只為躲避關稅，沒有長期戰略，回來做相同的事，仍無法順利轉型。

現在回台的企業，都很低調。中國做事原則是立場分明，雪中送炭，會成為其長期的朋友，假如落井下石，將來絕對會不留情面、把帳算清楚。

台灣企業缺乏長期思維，往往在錯的時機做錯的決策。前一陣子 FII A 股上市，一堆人想跟進，現在 A 股不好了，又冷

卻下來。我認為對於中國，一定要有 3–5 年觀點，任何 1–2 年的短期變動都需再觀察。

我覺得台灣未來充滿無窮希望，不是因為許多台商決定回流，正好相反。我的信心來自一大群優秀的台灣年輕人堅定地前往中國，他們明白長期機會所在，這群人可能很大一部分是柯P的粉絲和支持者，而柯P又獲得中國官方的力挺。

趨勢已漸漸明顯：年輕人、柯P、兩岸一家親。失敗者在口水中沉淪，成功的人會抓住時機、找到機會。隨著一波波年輕人「立足台灣，前進中國，放眼世界」，我看見了台灣的未來。

往後看 30 年，往前看 10 年，現在正是改變的時機！

2.11
出席者多數是 40 歲中國菁英 ... 從一場辦在北京的經濟論壇，老總：看見台灣「被邊緣化」

•

2018.09.17

> 我遇見的年輕畢業生中，沒有一位在高盛、麥肯錫這
> 些公司上班，每個人都有他們自己的 Startup。

•

外國人和中國人，每個人都衣冠楚楚，整個空氣中瀰漫著一股期待，大家都是來參加「Stanford 中國經濟論壇」。

這幾年工作太忙，很少參加論壇作為聽眾，反而經常作為主講者。但這個國際論壇，我從早參加到晚上，可說是一個超級知識饗宴，題目涵蓋教育、經濟、金融、科技（AI）、中美關係、醫學、能源、fintech 等議題，講者一流，都是中美超級大咖，內容實在太精彩。

這次 Stanford 校長有來，還有各大學院的名牌教授，以及許多中國產業及學術知名人士。我最大的感受是像我這樣近

60 歲的人，是不折不扣的老人。大部分菁英只有 40 多歲，代表的是年輕、企圖心、大格局以及無窮的潛在能量。

我這次碰到了不少大陸朋友，有些人 10 多年前才剛開始創業，但今天已成就了一個很大的格局，這究竟是先天還是後天？我認為兩者均有。

午餐的 keynote speaker 是 Alphabet (Google) 前董事長，晚宴則請了騰訊總裁，但我個人認為講得最精彩的是李飛飛，她是史丹福計算機科學系終身講座教授及 AI 實驗室主任，過去兩年她暫別史丹福，加入 Google，協助其在北京建立 AI 中心，最近借調期滿將重返校園。

李飛飛今年只有 42 歲，個子瘦小，但卻展現出龐大的能量，講話極有條理，不會過於技術，清楚分析科技可以如何幫人類解決問題。她 16 歲時才移民美國，當時還不會說英文，而且由於家境貧困，必須不斷打工才能養家，然而她今天已經站在世界的頂端，這是「美國夢」，也是「中國夢」。

聽眾有人問李飛飛 AI 如何能解決世界不平等，讓更多女性、兒童及窮人改變命運，她立即神采奕奕。原來她也是非營利組織 AI4ALL 的創辦人，這是由比爾蓋茲另一半 Melinda Gates 和 NVIDIA （輝達）創辦人黃仁勳所贊助的基金會，如今在美國已相當有影響力。中國一般比較功利導向，像李飛飛這樣具有包容胸襟和人道關懷的成功人士還不多見。

另一位令我印象深刻的講者是 Susan Shirk（謝淑麗），她是研究中國問題的專家，曾在柯林頓總統任內擔任美國國務院亞太助理國務卿，是主管台海事務的最高官員，著有《脆弱的強權 – 在中國崛起的背後》。

對於中美貿易大戰，以及川普一連串制裁中國、阻擋「中國製造 2025」的手段，謝淑麗表示美國以前對日本也有類似擔憂。80 年代初期，日本逐漸強大，日本集中式經營管理相對於美國企業似乎更有效率，美國覺得被日本超越指日可待。然而日本經濟卻由於體制僵固，從此陷入失落的 20 年。謝淑麗拿今天美中競爭和當年美日情結作比較，非常有啟發性。

《脆弱的強權》是 2007 年寫的，今天讀來仍很有前瞻性。謝表示中國若經濟發展順利，領導人能以審慎務實的態度處理對台關係，台灣的前途將得保繁榮不墜、安全無虞。若中國領導人因受到國內威脅而偏離了原先設定的和平道路，台灣將不堪設想。今天中國較 10 年前更強大，但兩岸關係卻更加脆弱，台灣仇中，大陸仇台。

整體下來，這次我有幾點觀察：

第一、中美交流將持續不斷，並且提升到更高層次。美國了解中國對其經濟的重要性，以及中國未來在全世界將扮演的角色。有一位講者指出，其實關鍵在於中國，因為今天幾乎全世界大國都對中國有戒心，並不只是美國而已。

第二、受過西方教育的菁英正在改變中國。中國人現在去美國求學通常從大學開始,有些人高中時就去了,這些人目前都只有 40 出頭,處於人生最黃金的時期。他們懂得東西融合,而且面臨中國經濟開始領導世界的階段,因此能創造許多新應用,不只是單純地替外國人打工。相較之下,台灣人口老化、國際觀不足、而且市場太小。

第三、台灣已徹底被邊緣化。這次活動,在 4、500 位貴賓中只有我和另一位來自台灣,即使加上外地的台灣人也還是個位數。

晚餐時我坐在 MBA 畢業生那一桌,我旁邊有一位是 2004 年的 MBA,還有一位是 2002 年 EMBA,他們都表示不記得他們那一屆班上有來自台灣的學生。一位 2019 級的 MBA 說,他們這屆有 15 人來自中國,一半是從高中、大學即赴美留學。

第四、創業已成為中國的新潮流。我遇見的年輕畢業生中,沒有一位在高盛、麥肯錫這些公司上班,每個人都有他們自己的 Startup,這一輩中國人的企圖心和願景是完全不同於我們那個時代的。

第五、中國的願景是世界級的。當今中國優秀人才有一種責任感,認為 21 世紀是中國人的世紀,中國應該做領導者。最近中美科技大戰,很明顯的暴露中國在某些領域的缺陷,大家也都承認,但這只會迫使中國更加強烈的追趕。不過在

互聯網應用各個領域，毫無疑問，大部分人都認為中國早已超越美國了。

上周考察一家中國 AI 新創企業，他們有一位台灣顧問，在中國已待了近 20 年，我請他比較美、中、台的 AI 實力，他說台灣人技術有 7、80 分，但因為缺乏市場鍛煉，所以平均實力只有 40 分。

**答案很清楚，台灣不能沒有中國，
未來連結中國只能靠自己。**

2.12
韓國瑜靠 4 句話翻轉高雄 ...
老總看九合一選舉：
台灣經濟脆弱，政治更脆弱

●

———— 2018.11.26 ————

11/24 的選舉反映了什麼？台灣經濟要更好，

不能沒有中國，不能關起門來自己搞。

●

我上週到一家很久沒去的餐廳用餐。人比我想像的多，我問經理為何生意變好了？她說其實沒有，主要是不少人回來投票，因此有很多老朋友和同學的聚餐。看來以行動挺台灣的人還不在少數。

最近陳其邁和韓國瑜辯論，韓表示他承認九二共識。有些人認為這風險很大，等於回到統獨之爭。但就在同時，金馬獎頒獎典禮上，紀錄片「我們的青春，在台灣」導演傅榆在表達感言時表示：「希望我們的國家可以被當成一個真正獨立的個體來看待」，再度挑起兩岸敏感政治議題，引起中國強烈抗議和抵制。

我們都知道，人要在對的時間、對的地點做對的事，才會成功。北漂青年為何那麼多，因為那完全符合「三對」的條件。傅小姐的言論，就算是對，也是在錯誤的場合和錯誤的時間。

一個很好的例子是孫安佐。他總算沒辜負父母親花的數百萬美元律師費，剛被美國法院判決「刑滿獲釋」遞解出境，永遠不得再進入美國，檢察官原計劃對他求刑 15 到 21 個月。孫安佐講了一句玩笑話，但在錯誤的地點，因而遭到慘痛的代價。

另外一個例子是今年初好幾個台灣青年因為運送毒品在印尼被判處死刑。他們只為了極少的錢，卻賠上了寶貴的性命，因為他們在錯的地點做了錯的事情，如果在台灣就算被抓也不會有此下場。

以上情況只屬個人，還有影響到整個國家社會的例子，例如傅榆的發言。金馬獎之所以可貴，在於它是真正的「大中華」，涵蓋兩岸三地的電影工作者。台灣今天大部分事情只能關起門自己玩，想要讓世界走進台灣，或台灣走向世界非常困難，所謂的世界是指一個以上的國家。如果明年中國抵制金馬獎，台灣就只能自己玩了，如同台中計畫自己辦一個東亞青運。假如台灣人不懂國際遊戲規則，那我們活該被世界孤立。

更嚴重的例子是東奧正名，政府一直對其不聞不問，認為這是民間行為，直到國際奧會最近第三度來函表示問題的嚴

重性，政府才開始著急。東奧正名如果過關，台灣運動員可能喪失參賽資格。幸好有些運動員最後站出來，得以及時懸崖勒馬。

台灣是脆弱的。長久以來，不知是因為無知還是傲慢，一直有人宣導台灣無比強大的形象，任何相反的言論就是唱衰台灣。但假如連蘋果都像玻璃一樣地快速瓦解，台積電和鴻海能置身事外嗎？其它企業就更不用說了，裂縫正變得越來越大。

台灣經濟脆弱，政治更脆弱，愛台灣就不應傷害台灣。只要看今年選情，就知道沒有一個政黨或候選人能永遠不敗，城牆崩垮的速度遠超過你的想像。即使在台灣，一句錯話或一件錯事，便可造成國際傷害。

近期「假新聞」成為熱門話題，特別是境外勢力試圖運用各種手段影響輿論。但還有另一種「反向」假新聞，就是部分人士向全世界散播似是而非的台灣新聞，想要影響外國人對台灣的觀感。

以前台獨只有在台灣內部發聲，後來演變成和中國互相叫陣，但最新的做法是鬧到全世界去，儘量炒熱變成國際話題。

東奧正名是前一陣子「聯合國正名公投」的延伸。先前喜樂島聯盟在台北市舉行大遊行，許多非常鄉土的人士舉著英文標語，並以英文接受電視台訪問。為什麼？因為要演一齣戲給外國人看。

這一招是美國人教的，美國外交官曾說台灣人若想獨立，必須讓全世界聽到，美國才方便介入。台獨是真實的新聞，然而那只代表一小撮人的聲音，並非大部分台灣人的想法。但假如台灣不站出來反駁，就可能會造成誤解，讓全世界以為這是大多數台灣人的共識。

今天台灣的問題，在於大多數人都習慣做沉默的大眾，縱使不同意對方看法，也不會站出來，因此政治易被少數極端人士綁架。11/24 選舉結果終於充分顯現了沉默的大多數台灣人的心聲。

時間拉回到 4 年前的太陽花學運，本質上是反中運動，反對和中國走得太近，反對大中華經濟圈，反對中國對台灣經濟的侵略。11/24 的選舉反映了什麼？台灣經濟要更好，不能沒有中國，不能關起門來自己搞，這是人民最重要的省思。

11/24 可以稱之為「梅花運動」，梅花代表中華民國，象徵大中華，在寒流中綻開。所有韓國瑜的場子都旗海飄揚，傳遞了什麼訊息？或許我們應該拍一部「我們的覺醒，在台灣」。民進黨如果看不懂梅花運動的意義，積極改善兩岸關係，2020 還會犯同樣的錯誤。

政治語言必須讓人民有感，韓國瑜基本上只靠四句話，即翻轉高雄。兩句批評現況：「又老又窮」和「青年北漂」，兩句提出解決方案：「只要經濟，不要政治」，「東西賣得出

去，人進得來」。這大概可比美台灣有史以來最紅的廣告詞：
「你累了嗎？」

高雄，你醒了嗎？台灣，你終於醒了。

北漂青年，你何時會歸故里？我想大約會是在冬季。

03

—

參。

以創新帶動
新經濟的起飛

3.1
「創新」＝更多人失業！揮著照顧勞工的大旗，
新政府竟然連這一點都搞不懂

◆

2016.07.18

經濟改革不能只靠「創新」增量，

現有存量「轉型」反而更重要。

◆

最近美國未來學大師托夫勒過世，他最有名的著作是《第三波》，在 40 年前就精準地預測了信息革命，描述一個全球化的信息村，透過共同興趣而非地理界限形成社群。

托夫勒說，變革正像雪崩一樣落在我們頭上，大部份人都完全沒有準備好去應對。

未來世界遠比我們想像的複雜，說比做容易。小英的經濟發展模式著重「創新、就業、分配」，以「三個連結」（和全球連結、和未來連結、和在地連結）來推動五大創新。

問題在哪裡？全球化和創新，相對於就業與分配，是兩股完全相反的力量。今天所得分配不均、低薪問題嚴重、中產階級消失，很大一部分是全球化和科技創新的結果，這不是國民黨的錯，也和中國大陸無關。

民進黨自認為是勞工與正義的使者，但反而創造了更大的勞資對立。上周中小企業總會理事長面見小英，提出五大疑問，質疑政府對中小企業無戰略性政策，只談勞工權益將重創中小企業前景。

不管你是藍領還是白領，面對現實吧！未來工作只會越來越少。根據 Forrester 研究報告，2025 年以前，美國將有 1,200 萬個白領工作被機器人取代，高重複性的工作如客服人員和辦公室行政人員最有可能被取代。國際勞工組織（ILO）也表示，未來 20 年內東南亞五國逾半勞工將因自動化而失去工作。

機器設備的「自動化」，將造成很多藍領工作流失；但電腦軟體的「智能化」，可能會衝擊白領。以往許多簡單決策，需要人來執行，但當電腦把決策流程系統化以後，就可改變工作方式，部分「師」（教師、理財師、醫師、會計師）的工作會被機器取代，「工業 4.0」可能會逐漸衍生成「辦公室 4.0」。

我們面臨的是「智慧」（smart）大浪潮：智慧金融、智慧醫療、智慧汽車、智慧家庭…智慧的代價是工作減少，「智慧 +」等於「就業 –」。創新有可能帶來新工作，但其減少傳統工作的速度絕對會超過增加的速度，光司機人數就會少一半。

台灣準備好了嗎？完全沒有。幾年前 ETC 啟用，收費員抗爭鬧得不可開交，現在 Uber 席捲全台，計程車司機也開始上街。MOOC 開始普及，最近我在電視上看到有年輕人線上教學，一個月的收入就有 1 千萬元，未來教師大批失業可以預期。

我們該怎麼辦？除了加速轉型沒有他途。拯救經濟有三種方式：貨幣政策、財政政策和結構轉型，台灣一直沒有下決心使用第三種方式。

反觀中國大陸，正進行前所未有的國企重組轉型。最近大陸寶鋼和武鋼合併，創造了全球第二大鋼鐵集團。傳統行業產能過剩，需大刀闊斧改革，在這個過程中，會失去很多工作，但企業將得以浴火重生。

台灣有太多可以做而未做的事情：台電應大幅改組，落實新能源政策；華航、中鋼應徹底民營化，提升效率；法令應大幅鬆綁，營造電子商務和共享經濟的環境。

有一點小英倒是說對了：改革一定會有陣痛期。然而台灣花了太多精力在政治改革（轉型正義、清算黨產、司法改革），沒有聚焦經濟改革，真正的痛還沒有來。

經濟改革不能只靠「創新」增量，現有存量「轉型」反而更重要。找不到新方向，沒有學習的能力，只能等著被淘汰，這就是現實，政府要懂得減法。

唯有轉型才能將餅做大，否則只是面對一塊小蛋糕，重新劃分勞資的比例，註定無解。

有人說台灣年輕人前途黯淡，我完全不同意。為什麼？因為年輕人有學習的能力，能快速轉型，而且能跨境流動，就算失敗了也可以重頭再來，我反而比較擔心那些不願或不能轉型的中年人。

上週和一位大陸創投朋友聊天，他在協助其投資的企業轉型，尋找文創、影視、醫療等項目，問我有沒有公司可以賣給他，我問他這些企業原先都在做什麼，他說：「那不重要，重點不是他們的過去，而在於將來能做什麼。」

我們要創造一個 smart and rich 的未來？
還是維持一個 fair but poor 的台灣？

3.2
連便當費車費都補貼，蔡英文用「錢」擺平國道收費員抗爭，實在錯很大

◆

———— 2016.08.22 ————

台灣應該積極協助民眾轉型、學習新技術，

而不是一味給予補貼。

◆

美國網路設備大廠思科（Cisco）最近宣布裁員 7%，5,500 人將丟掉工作，理由是科技趨勢已由硬體轉向軟體，而公司轉型不夠快。

除思科外，英特爾近期也裁員 1.2 萬人，今年以來，美國科技公司已裁員 6.3 萬人。

思科會落得今天這個下場令人訝異，十幾年前，它和戴爾、英特爾及微軟並列科技業四巨頭。今天新的科技龍頭換成 FAGA，即 Facebook、Apple、Google 和 Amazon，蘋果的地位正急遽下滑，亞馬遜反而成為明日之星。

這就是現實，英特爾和微軟錯失智慧手機革命潮，蘋果則沒有持續創新，台灣電子業的命運和輸家綁在一起，未來難免會衝擊到科技業員工就業。

美國高階人才失掉工作，中國則是低階勞工。為了控制產能過剩、治理環境汙染，中國 擬在 2 到 3 年內裁減 500 萬至 600 萬國企員工，2016 至 2017 年，中國煤炭、鋼鐵、電解鋁、水泥和玻璃行業將有 30% 工人失業。

大陸的經濟結構正從製造業向服務業轉型，但服務業也不是沒有危機，這兩年大批實體店因電商而關門，這是台灣尚未經歷過的衝擊。

但不論是美國或中國，均沒有像台灣一樣處理失業的方式。延燒兩年的高速公路收費員抗爭事件，最近透過新政府「專案補助」暫時落幕，小英得意表示「做以前政府做不到的事，才是政黨輪替的意義。」

事實上，小英做的是全世界政府都做不到的事，我們應該高興還是擔憂？在 947 名收費員當中，有近 800 人已接受轉置安排，這次增加補貼，擴及全員，連抗爭活動便當費、車費及精神損失也納入，政府想傳達什麼訊息？

小英推動年金改革，以免財政包袱把台灣給拖垮。但我們有沒有想過，巨額補貼又會有什麼結果？ 900 人補貼 6 億，若有 10 萬人，需要多少財政支出？

政府的說法是這是特例，因為制度改變，造成工作消失，才給予補償。那麼 Uber 取代小黃計程車呢？ 科技大廠未趕上物聯網潮流遭到淘汰呢？ 電子商務打敗實體商店呢？ 或者有朝一日數位媒體大行其道代替了傳統媒體呢？ 這些都是制度改變，誰來補貼我們？

小英的施政方針是「創新、就業、分配」，她把就業看得很重要，無可厚非，但其所作所為完全和創新相牴觸、和世界潮流背道而馳，我們根本沒有「和未來連結、和世界連結」的準備。

這不是第一次，先前政府在華航空服員罷工事件，也採類似處理手法，全部接受員工要求，已造成華航巨額虧損。桃園市長表示，華航不應以追求利潤為目標，服務品質和員工照顧比較重要，這又是一個讓全民埋單的公平正義。

新經濟活動帶來許多改變，影響到傳統工作的定義，以及資方與勞方的雇用關係。美國 Uber 最近與司機就勞動糾紛達成和解協議，繼續將司機定義為業務承接人而非正式雇員，但給予司機較多保障。可見國外也有類似爭議，但沒有像台灣這樣離譜。

我們正快速邁入「零工經濟」（gig economy）的時代，這是由自由職業者所構成的新經濟領域，透過平台仲介，以個案承接、非常零碎的方式，提供專業服務。上周我親身經歷了一個類似個案，有人打電話找我。

「先生，我們是一家國際專業媒合公司，我們的客戶是一家著名的 hedge fund（編按：對沖基金）操盤人，他想向人請教蔡英文上台後台灣投資環境的變化，請問你有沒有興趣和他電話聊一個鐘頭？」

我好奇問對方是如何找到我的，他表示他們做過調查，我在行業中有一定的名聲。雖然提議很有趣，但由於時間關係，我還是婉拒了這項邀請。

互聯網讓所有人都能以更容易、更便宜的方式取得他們所需的專業知識，小至修理電腦，大至設計新能源電動車，一方面促進專業交流，一方面卻降低專家的價值，有時候甚至會變成無償服務，我們不能再用傳統思維來看待工作。

最近看了一本有趣的書叫做「Shadow Work」，作者指出自動化和智慧化的結果，讓未來每個人自己要做越來越多的小事情，比如說加油、銀行取款、商店自行結帳等，這些工作以前有專人服務，但將來會換由你做，工作變成「隱性」，成本也由你吸收。

大陸昆山市引進機器人，富士康工人將從 8 萬人減少到 5 萬人。公司表示只是用機器取代以前部分的重複性工作，讓員工更加專注於研發及質量控制，其結果是創造了一個 smarter 的工作環境。

對台灣來說，未來最大挑戰在於中國非但沒有為了維持員工就業而放慢自動化，反而全力推動工業機器人。大陸政府提供巨額補助，雖可能造成機器人投資泡沫，但轉型升級的企圖非常明顯。

台灣應該積極協助民眾轉型、學習新技術，而不是一味給予補貼。我們應主動調整產業結構，加快而非放慢改革腳步，金融業就是一個很好的例子。

未來很多工作會消失，有些工作價值也會大幅降低，要維持競爭力，必須做到以下幾點：

一、訓練自己有一項以上技能
二、在行業內做到極致的「工匠精神」
三、透過「互聯網+」創新
四、走出去和世界連結

台灣上波工作大遷徙是 20 年前，製造業消失，轉到大陸。下一波工作衝擊會發生在服務業和科技業，而且不單是低階勞工而已，好戲才剛要開始。

What's next？ Taiwan next？ Your next？

3.3
政府管越多，台灣死越快！機器人都要取代人類了，吵「一例一休」有意義？

●

2017.01.09

轉型沒有訣竅，最重要的是決心，必須有勇氣作痛苦的決定，比如說合併賣掉，或結束營業。

●

2016 是失落的一年。在這一年中，我失去了親人，我的一些客戶因為業務困難而歇業，台灣遭遇停滯不前的困境，而全世界更經歷前所未有的動盪。

最近和很多客戶聊天，不論是小公司或大企業，發現都有同樣的問題，那就是想轉型，但不知如何轉型，或有努力嘗試轉型，但看不出任何成效。

Welcome to the reality。以前有一位企業家曾說過，轉型不是轉頭，哪有那麼容易？我們現在所經歷的，好比一個人在戒癮、瘦身、復健過程中承受的巨大痛苦，需要時間調適。

政府推動一例一休，也是一種轉型，但引發了連鎖效應，企業成本上升，無法承擔，轉嫁給消費者，帶動了一系列漲價。當初照顧勞工的初衷，淪為勞工、企業、消費者三輸。

全世界最新的管理思維是打造良好的生態系統，講求系統內所有「利益相關者」（stakeholder）的多贏。小英自詡為勞工正義的使者，卻缺乏全面的思考，以致造成勞資雙方對立，社會痛苦不堪，付出了慘痛的代價。

這次率先漲價的業者，都屬於連鎖餐飲業，說明台灣已從製造業轉型服務業，但服務業其實也沒有轉型，長久以來價格無法適當反映真實成本，特別是物料成本的上升，一例一休只是一個引爆點，代表業者實在撐不下去了。

雖然中小企業難以承受負荷，但大企業還可以抵擋衝擊。遠東集團表示，不漲價、不減少營業時間，醫院也將維持正常營運。這對政府照顧弱勢團體的政策而言，何嘗不是一種反諷。

反觀川普，他把製造業搬回美國，成效已顯現出來，在其警告下，福特宣布放棄墨西哥 16 億美元設廠計畫，並表示川普減稅及放寬管制對汽車業有正面幫助。這代表雙贏，不像我們是三輸。

台灣製造業未來轉型策略之一是前進美國，但誰能布局美國？仍是鴻海、台塑這些大企業。過去我們批評財團過於傾中，未來難道要批評他們過於親美嗎？

除了服務業和製造業，台灣第三個需轉型的行業是科技業。上周美國 CES 電子展，中國公司大放異彩，百度推出智能汽車，小米展示智慧電視，華為則發表能理解使用者習慣的人工智慧手機，沒有什麼人注意到台灣。

未來科技的趨勢是「高智慧」，但台灣還停留在「低成本、低智慧」，許多 CES 發表的新科技，如 AI、VR、AR、4K TV、5G，台灣均尚未著墨，電子業下一步何去何從？

我從事的金融業是另一個需大幅轉型的行業，Fintech（金融科技）對金融業已造成巨大影響，機器人理財（Robo-advisor）成為財富管理和基金業的新潮流。台灣很多金融從業人員會被裁撤，未來只能往中港發展，但只有少數人有機會，台灣將是一個持續乾涸的池塘。

整體來說，轉型沒有訣竅，最重要的是決心，必須有勇氣作痛苦的決定，比如說合併賣掉，或結束營業。政府若單方面的保護勞工，只會越弄越糟，機器大幅取代人類的時代已經來臨。

未來企業轉型，必須以「智慧化」和「數位化」為目標，大量減少人力需求，資遣員工費用就是企業必須考量的成本，中國大陸已開始這個過程，台灣還沒有。

二十多年前，台灣製造業有一波洗牌，廠商因為成本，全面向中國大陸轉移。現在我們面臨的是新一波服務業的洗牌，

我們長久壓榨勞力的模式已走到了盡頭，未來只有能創造獨特價值的業者才能存活，政府干預只會減緩轉型的速度。

台灣最大的危機還是政治，民怨不滿會使執政黨往錯誤的方向搖擺。根據台灣智庫最新民調，在 20 到 29 歲年齡層，時代力量支持度 24.3%，國民黨 19.8%，民進黨掉到 16.9%。小英很清楚有些底線不能觸碰，但民粹會影響決策方向，很容易造成一發不可收拾的危機。

1994 年商周出版了一本書《1995 年閏八月》，預言兩岸軍事衝突，在 1996 年台海危機期間成為暢銷書。今日兩岸的危機並不亞於 20 年前，我們有體會嗎？

投資最重要的原則就是要順勢而為。中國大陸成為未來全世界經濟和政治強權是大勢所趨，台灣如果不認清這個現實，不管作什麼轉型的努力，都是逆勢而為、事倍功半，絕不可能成功，台灣的黑暗期才剛要開始。

英國路透社報導，面對台灣日益獨立的傾向，大陸正考慮必要時停止「三通」，在經濟上孤立台灣，我們撐得下去嗎？電影「健忘村」導演曾力挺反服貿，但為了保中國票房，上周跳出來聲明自己不是台獨，大動作切割。

美國作家沙林傑在《麥田捕手》中，有一段話是這樣的：「為了理想而高貴的死去，是不成熟男人的特徵，為了理想而謙

卑的活著，是一個成熟男人的標記」。活著比什麼都重要，活著才能轉型、繼續走下去，死了就什麼都沒了。

我又何嘗不是如此？多少個晚上，我在沙發上拿著遙控器，疲憊地睡著，感覺自己被榨乾了，I can't take it anymore。

然而又有多少個早上，迎著陽光，我重新振作起來，積極地準備面對下一個挑戰，告訴自己我不可以放棄。

大多數的人，可能都和我一樣。然而你是否覺得，儘管我們越來越努力，卻離理想越來越遙遠？我不是 22K 的年輕人，但我有相同的挫折感。

我的轉型之道，就是不斷的跨地域、跨領域，作新的嘗試。

我還沒有成功，far from it, but I am still alive ！

3.4
小英正迅速讓台灣「北朝鮮化」！
喊「和世界連結」，半年後封殺馬雲來台投資

◆

2017.01.16

台灣不理解，全世界已形成競合的關係，

我們沒有選邊站的條件。

◆

「每個人所擁有的時間是相同的，一天 24 小時，一周 7 天，可是各個人的時間價值卻不同，比如說你比我聰明，但我在相同的時間內創造的價值卻遠超過你，因為我在大陸，中國市場實在太大了，而你在台灣，受到了侷限。」

我在大陸和一位傑出的企業家晚餐，他與我分享人生的經驗。

「這幾年我去海外投資，有些地方比中國還要落後很多，我花同樣的時間和金錢，在這些地方所能創造的價值，遠遠超過國內。」

我問他怎樣看台灣，他會投資台灣嗎？

「我去過台灣好幾次，台灣有很優秀的科技和醫療技術，但我現在不會投資台灣，因為兩岸關係不佳，而且大陸目前有嚴格的外匯管制，但是我歡迎台灣好的企業將技術帶過來和我們合資。」

我嘆了一口氣，這已不是最近第一次聽到類似的話，台灣的人才、技術和資金不斷外流，外人卻進不來，這是誰造成的？上周聯電前 CEO 加入紫光集團，出任全球執行副總裁，將在成都設立 12 吋晶圓廠。這是加入該集團的第二位台灣半導體 CEO，台積電前共同 CEO 最近也加入大陸中芯擔任獨董。

我和大陸老闆的話題接著轉到中美關係上。我問他川普對中國態度強硬，對其是否有影響。

「我一點都不覺得有甚麼負面，反而很正面。川普怎麼會不曉得中國對美國的重要性？他只是擺擺姿態。美國越刺激中國，我越興奮，這就是競爭，他把我們的活力都激發出來了。」

他屬於中國第一代企業家，我問他的歲數，居然比我小一輪，台灣第一代企業家很多比我大一輪。

「你是台灣人，讀了很多書，但不懂得我們的玩法，我書雖然讀得沒你多，但很靈活，這是游擊隊的打仗方式，馬雲是

游擊隊，川普也是，所以他們有得拚。蔣介石是正規軍出身，但毛澤東卻是游擊隊，最終我們把你們給打敗了，否則今天你會坐在我這個位置。」

川普剛和馬雲在紐約見面，馬雲表示將為美國中小企業創造一百萬個工作崗位，轟動全球。這完全有可能達成，阿里巴巴開始打世界盃，馬雲只是將他過去 10 年在中國所做的事情在美國複製一遍，而且對象是中小企業，更能縮短貧富差距。

這次會議，雙方都是贏家。川普還未上台，已從日本孫正義手上要到 500 億美元，從馬雲那兒取得百萬個工作承諾，又勒令許多大企業回流美國。淘寶剛被美國列入「惡名市場」名單，但馬雲反將老美一軍，直接從美國（也是川普）最關切的中產階級工作下手，大獲全勝，間接替習近平作外交工作。

反觀台灣，勞資對立，社會沸騰。很多人沒有想過，阿里巴巴和美國合作，對台灣是難以想像的災難。台灣經濟的特色就是中小企業，過去有許多公司扮演美中之間的橋樑，市場在美國，製造在中國，台灣在中間運籌帷幄，但未來這種角色會漸漸消失。

更糟糕的是，台灣選擇和阿里巴巴敵對。馬雲兩年前宣布投資台灣新創企業 100 億元台幣，至今錢還進不來。最近阿里投資一個 4,500 萬美元的創投基金 30%，也遭經濟部封殺，

理由是擔心中資掠奪台灣的人才和 IP。這就是台灣的問題，別人要幫我們的年輕人卻遭到阻擋，我們的菁英外流反而指責別人。

台灣不理解，全世界已形成競合的關係，我們沒有選邊站的條件。兩岸關係就是全球關係，沒有兩岸，即無全球。小英政府最大的錯誤，就是讓台灣和世界脫鉤，所有的不安與沉淪均始於此。川普赤裸裸地將一中作為談判籌碼，台灣的邦交國一個個失去，what's next ？

上周瑞士洛桑管理學院（IMD）發布「2016 年世界競爭力年報」，台灣排名第 14，較上年退步 3 名。我受邀參加發表餐會，對內容有進一步的了解。

該評比分為四大項：經濟表現、政府效能、企業效能、基礎建設。有趣的是，「政府效能」排名第 9，為四大類表現最佳。我立刻向演講者反映這和社會認知有差距，台灣民怨之首就是政府效能低落，或許他們會改變統計方式，不知明年台灣排名是否還會往下掉。

IMD 也提出「台灣再起的關鍵策略」，第一項就是呼籲台灣一定要重視「公私部門的夥伴關係」，可謂一針見血。

坦白說，小英政府和企業的關係已搞砸了。張忠謀直指產業欠缺轉型方向、企業在哀號，台塑王文潮點出反商、對抗製

造業的氛圍嚴重壓縮經濟發展，工總、商總均痛批「一例一休」政策的不當，至於觀光業更是哀鴻遍野、血流成河。

川普本周上台，代表一個新時代的開始。川普為什麼會得到那麼多人支持，他又是用什麼策略選上的？值得我們好好思索。

川普看到了別人沒有看到的問題，他說出了那些埋藏在大家心底，但卻被主流媒體所掩蓋的「聽不見的聲音」。對台灣而言，message 已越來越清楚，許多人期盼「在兩岸關係穩定的前提下維持台灣的主體性以及和世界的連結」。可惜的是，很多政治人物均圍繞在錯誤的議題打轉，看不見問題核心及未來趨勢。

半年前政府還在談「和未來連結、和世界連結」，及「讓台灣走向世界、讓世界走進台灣」。上周達美航空退出台灣，何其諷刺。

台灣正迅速的「北朝鮮化」，然而小英畢竟不是金正恩。拿著嚴長壽的新書《在世界地圖上找到自己》，I am speechless。

3.5
老總預言：2050 年台灣會變全球有錢人的渡假勝地 ... 但台灣人薪水會跟今日緬甸人一樣

◆

—————— 2017.02.14 ——————

不論是年金改革、一例一休或 Uber，政府都以昨日思維誤判趨勢，在創新的世界裡，台灣變得越來越不民主，越來越缺乏智慧。

◆

「請問你們的核心競爭力為何？這個產業的 barrier of entry 是什麼？」

我和一位新創企業創辦人交談，他是美國人，公司設立於香港，放眼大中華市場。我的問題是一般投資者都會問的問題，但沒想到他的反應相當激烈。

「這是一個 1980 年代的問題，你不能用這樣的角度來看我們公司，你看 Uber 好了，他有什麼特殊技術？不過是比別人

快，他們並非最早想到這個商業模式，但執行力強，比別人在更短時間內去實現它，今天我們也是要掌握機會搶占市場。」

坦白說，我不是很能接受他的 argument，但也找不出反駁的理由。中國大陸有很多類似的例子，最大訂餐網「餓了嗎」當初不過是幾個年輕人因為常叫餐外送所想到的點子；去年大陸突然開始流行「共享單車」，類似台北市的 UBike，在很短時間內，大批資本湧入，兩大龍頭拿到上億美元資金，連鴻海都投資。

這是台灣和大陸及美國的不同的地方。我們沒有龐大的市場，缺乏創新的商業模式，加上保守的法令，很難想像「創意 + 資本 + 市場」所能創造的機會。

我不禁想起去年在大陸火車站星巴克的經歷。我因為皮夾內沒有人民幣，買咖啡的時候只好從背包拿出紙袋，再從其中拿幾張鈔票付錢，忙得滿頭大汗，像個鄉下土包子，其他人不過是拿手機刷一下，就完成交易。

還有一次我和大陸朋友通電話，他突然叫我等一下，30 秒後再回撥。原來他坐在計程車上，下車要用手機付錢。

由這些生活上的細節來看，兩岸生活型態有很大差異，大陸已進入數位化時代，民眾利用移動互聯網，得以享受極大便利。

世界快速翻轉，產業正在被顛覆，但台灣還是以不變應萬變：我們不准阿里巴巴從新加坡投資台灣、要求其撤資，宣布網路影視平台愛奇藝非法、不准其落地，對 Uber 祭以全球最高罰金、全面封殺。

台灣主管機關反對的理由通常有二個，第一是防堵中資，第二是不符社會公平正義。台灣被全球公認為「最民主」的地方之一，但為何在創新方面反而如此落後？值得深究。

互聯網的精神就是民主和個人化。資訊可以快速自由流通，大家都有平等的機會；然而機會雖然均等，價值卻不相同，每個人都可依據自己的需求，量身訂製，找到合適的商品和服務。

從這個角度來看，政府的「一例一休」制度違背了互聯網精神。「一例一休」還停留在工業時代製造業思維，假設勞工必然被剝削，要求每個人齊頭式平等，不管行業差異，也忽略了彈性加班的人性需求。

至於 Uber 進入台灣最大的爭議，在於其表示自己並非計程車業，而是一個平台，不適用傳統法規。台灣不了解平台，但有少數例外，金管會原先對 P2P 網路借貸平台也有嚴格規範，但後來終於了解到這不是銀行，不能以傳統金融監管思維看待。

興利與防弊是一體的兩面,虛擬與實體也互有關連,不能一刀切。反對開放者講起來都很有道理,但如果我們從整體的角度,就會發現台灣對創新的擁抱,非但不及先進國家,也不如新興市場,代表我們強烈抗拒變革。

最近我有幸和以色列頂級的創投家交流,他說互聯網平台的創新已發展到一定程度,未來趨勢會從「水平」走向「垂直」,各個行業因互聯網帶來的顛覆性變革,才正要開始,就像 Uber 以及 Fintech。

改革的關鍵很多來自於「人工智慧」(AI),未來不只是「互聯網+」,更是「智慧+」。過去互聯網使消費者變得更強大,可謂「The Age of Consumer」,但將來機器將扮演更重要的腳色,我們正邁入「The Age of Machines」。

現在互聯網只是協助了人與人之間的連結,未來還有人和機器的連結,以及機器與機器的連結,這就是物聯網的時代。

小英提倡「智慧機械」,在這方面我們已落後大陸,連全球第三大機器人製造商 Kuka 都被中國併購。相較起來,我更看好「智慧醫療」,台灣的醫療和 ICT 水平在全球皆首屈一指,兩者結合可創造許多新模式,甚至可輸出世界。

AI 正在平民化,亞馬遜推出 Alexa 智慧助理,除了應用在自家產品 Echo 上,還可搭配其他業者產品,現已有超過 7,000

項應用，連華為和聯想產品都內建 Alexa。台灣應加速和 Amazon 這樣世界級的夥伴合作，才能打造「智慧台灣」。

我問以色列創投家未來看好什麼產業，他說休閒產業值得重視，因為人可透過生技活到 130 歲，機器又幫人做了很多事，因此會有很多空閒時間。

周末正好看了一本書《100 歲的人生戰略》（The 100-Year Life），去年我讀過英文版。作者表示未來人類會活到 100 歲，因此傳統「求學、工作、退休」三階段式人生需重新規劃，退休年齡不再是 60 歲，而且人生會有很多階段。

作者是倫敦商學院教授，這本書的出發點不是理財和養生，其實是從社會和經濟角度分析長壽造成的影響，作者特別指出政府應重新修訂法規，協助低收入者轉型。

令人怵目驚心的是，低收入者壽命會下降，富人會越活越久，下等的人一輩子都在工作，無力退休，未來會有「健康不平等」。

不論是年金改革、一例一休或 Uber，政府都以昨日思維誤判趨勢，在創新的世界裡，台灣變得越來越不民主，越來越缺乏智慧。

2050 年，台灣會成為全世界有錢人的度假勝地，但我們相對的收入水平，就如同今天柬埔寨、緬甸人民一樣。Imagine the day coming.

3.6
美國女婿看台灣：「住在這裡」像天堂，
但「在這工作」，真是一無是處

●

2017.06.26

台灣的問題在於自我本位主義，只有從台灣
看台灣，沒有以台灣看世界，也沒有聽世界
對台灣的看法。

●

周末的下午，台北市豔陽高照，氣溫應有 36 度以上，我簡
直沒有辦法呼吸，汗流浹背在路上走著，搖搖晃晃，快要昏倒。

不知什麼原因，世界末日的念頭在我腦海中浮現，大概是感
覺到生存的辛苦，不僅是氣候變遷帶來的勞頓，更包括外在
環境對我們造成的影響，台灣在國際舞台生存的空間快沒了。

我想到一幅畫面：炙熱的太陽把大地烤乾，池塘幾乎乾涸，
有幾條魚在剩下一點點的泥漿中無力跳動，正在做垂死的掙扎。

The Doors 的歌曲在我耳邊響起：「This is the end……」

兩個禮拜，兩個台灣最有權勢的人，紛紛遭遇到他們人生前所未有的挫折。

第一個是蔡英文。台巴斷交完全出乎她的預料，讓其措手不及，她的冷靜和優雅不見了，聽說她在總統府大發雷霆。

就像男女分手的情節，但這屬於最難堪的一種狀態，女方一直被蒙在鼓裡，直到正式宣布前幾小時才知道。

事前不是沒有徵兆，但女方一直不願意認清現實，相信男友不會劈腿，不會殘忍地拋棄她，相信愛情的力量。

但這不是最糟的部分，巴拿馬總統對外宣稱，他曾告訴台灣，若兩岸結束「外交休兵」，將會與台灣斷交。另外他受訪時表示：「我看到新的世紀機會，中國對巴拿馬而言，是『正確的國家』」。

這等於在台灣的傷口上撒鹽，小英一直對全世界宣稱，是中國單方面破壞台海之間現狀，但巴拿馬無情打臉小英，直指這是台灣的問題。

重點在哪裡？不管中國如何蠻橫霸道，全世界沒有什麼人同情台灣，都認為這是必然的趨勢。

正當我們仍在療傷止痛，川普上周會見中國國務委員楊潔篪時，明確表態美國願意參與中國的「一帶一路」，他期待與中國加強合作，共同對付朝鮮。

稍早之前，日本首相才剛表達加入「一帶一路」，也對中國主導的亞投行表達積極意向。

「聯美日抗中」是小英上台後的重大戰略，至此可謂完全破功。不僅如此，「一帶一路」還徹底瓦解小英「新南向」政策，因為東南亞各國以及美日，都會尊重一中立場，不願得罪中國。

第二個遭遇挫敗的人是台灣最有實力的企業家郭台銘。他一心想買下日本東芝半導體，出了最高價，並且結合美國蘋果、亞馬遜等大廠，沒想到由於日本經產省官員從中阻撓，雖然進入決選，最後仍飲恨敗北。

郭董氣炸了，在股東會上當眾將標題為「鴻海出局」的報紙撕爛，強調這場競逐還沒結束。

去年鴻海成功買下夏普，並在短時間內讓其轉虧為盈，達成不可能的任務。

但郭董強勢的作風，刺痛了日本人的自尊心，批評他不了解日本文化的說法四起。過去我們號稱「聯日制韓」，但這次南韓海力士和日本國發基金聯手，組成「美日韓聯盟」，硬是讓台灣出局。

荒謬的是，鴻海團隊是「唯一」沒有中國資本的組合，卻被日本認定和中國走得太近而予以封殺。

這個案子徹底打臉李登輝，對那些仍認為日本是台灣友好戰略夥伴的人，等於當頭棒喝。

最有政治和經濟實力的台灣領導人物均傷痕累累，你我有何啟發？套用龍應台一句話：「台灣人，你為什麼不生氣？」，但生氣有用嗎？省悟比較重要。

如果我們單純想發洩，或許可以找一家中國大陸報紙，刊登「台灣出局」頭版報導，加印 10 萬份，讓民眾來撕毀洩憤。

台灣的問題在於自我本位主義，只有從台灣看台灣，沒有以台灣看世界，也沒有聽世界對台灣的看法。

周末參加校友會，碰見一位美國人，他因為太太工作的關係，決定婦唱夫隨，我問他對台灣的看法。他說如果是居住，台灣是天堂，但從工作的角度，真的一無是處。

台灣法規繁瑣不友善，政府沒有招商意識，雖然有很多資金，但沒有願意冒風險的資金，整體環境充滿一股「反創新」氛圍，因此他只能立足台灣、遙控矽谷。在這裡完全沒有辦法做什麼事，只好慢慢享受生活。

政府正在推動「亞洲矽谷」，並計畫開放外國專業人士來台，改善居留和生活的便利性。但問題不在於生活環境，而在於工作環境。

上周參加一場小型座談，一位政府官員問我對於 FinTech 的看法，我表示個人相當悲觀。台灣沒有發達的電商環境，這和經濟有關，關鍵來自投資，前提在於政治，而政治又脫離不了兩岸。全世界最大電商市場在中國，其發展已人工智能化，遠遠超越台灣。

最近和一位大陸朋友稱讚支付寶行動支付的便利性，他說這沒什麼了不起，下周起支付寶推出停車場新功能，連下車掃描都不需要，攝像頭識別車牌後，會直接扣錢，「刷臉支付」將是下一步。

世界正開始快跑，大陸已邁向明日世界。馬雲上周接受 CNBC 專訪，表示未來人類每天只要工作 4 小時，AI 不僅會擴大貧富差距，也將對就業帶來巨大影響，各國政府應及早採取對策，否則可能引發第 3 次世界大戰。

上周 A 股獲准納入 MSCI 指數，未來中國資本市場將和國際接軌，意義深遠，很多人尚不了解對台灣長期的影響和衝擊。

賴清德、柯文哲，越來越多政治領袖已經開始髮夾彎了。

This is not the End. This is the Beginning.

3.7
全球搶攻「無人商店」，台灣人還在天真問： 街頭巷尾都有 7–11，為何要無人

◆

無人商店是未來趨勢，只有台灣人渾然不自覺，

認為街頭巷尾都有 7–11，為何要無人？

◆

我平日工作繁忙，很少在家。下班回家後，就寢前，我會看一下電視，稍微紓壓。

除了新聞以外，我經常看的是美食節目，好幾台都有各地小吃介紹。我一向無法控制口腹之慾，經常看得津津有味。

台灣人喜歡以小吃創業，從北到南，多的數不清，知名的小吃通常都有三、四十年以上。常有的情節是夫妻共同打拼，努力撐起一個小店面，先生感謝他另一半的付出，沒有她背後支持，不會有今天，講得眼眶都紅了，這也反映了小人物創業的艱辛。

這兩年另一種情節越來越多，就是第二代接班。父母親已六、七十歲，實在做不動了；為了保存祖傳招牌，表達對父母的孝心，子女放棄原有工作，接下小吃店的經營。

我每次看到這類故事，雖然很感動，但也很迷惑，難道年輕人除了開小吃店就沒有其他選擇嗎？為何台灣有那麼多小吃店？為什麼電視台不多報導一些其他類型的小本創業？或許在今天低薪的環境下，開個小吃店遠比在大公司上班要好的多。

台灣和中港相比，大不相同。前一陣子電視上訪問一位在台港人，他表示香港年輕人想要創業搞個小店，可能連店面都找不到。

至於中國大陸，只要抓對市場潮流，新創企業可快速成長十倍、百倍，資金根本不是問題。郭台銘投資的共享單車摩拜6月完成E輪融資6億美元，阿里馬上在7月以7億美元投資另一家ofo（編按：小黃車－無樁共享單車平台），兩家公司成立都不過3年。

就像美國當年西部拓荒，大陸的80、90後趕上新經濟淘金熱潮，跑馬圈地，往往只要2、3年，就能打造一家市值4、50億美元的企業。

今年5月大陸貴州舉辦大數據博覽會，一家公關公司努力邀請台灣企業前往參加，通通被拒絕，但同時間經濟部卻在籌備滷肉飯節，以致人力銀行主管有感而發，表示有一股撞牆的衝動。

新聞引發不少辯論，有人表示兩者根本不應擺在一起比較，也有人說滷肉飯是台灣幸福的標誌。然而我們只要看台灣年輕人搞小吃和大陸年輕人以共享經濟創業，就可以預見兩岸的未來。

事實上，台灣人真的該撞牆。上周蘋果宣布將投資 10 億美元，在貴州成立 iCloud 數據中心，這是中國基於「網絡安全法」，與國際科技巨頭合作的重大案例。Google 不願進入中國，在台灣彰化設立 data center，但蘋果已改弦易轍，融入中國。

中共上周宣布貴州省書記陳敏爾接任大陸四大直轄市之一重慶的書記，為習近平重要人事布局。陳 2013 年 1 月當選貴州省長，2015 年升任書記，他的政績是把大陸最窮的省轉型，建設為大陸首座國家級大數據綜合實驗區。

台灣只有郭董押對了寶，過去 3 年他在貴州大舉投資大數據，現在隨著貴州翻身、領導扶搖直上，郭董運勢不可阻擋。不要再想滷肉飯，趕快買鴻海股票。

台灣難道沒人能看見未來嗎？不見得。最近 24 小時無人便利商店在大陸落地，引爆零售市場震撼彈。許多人不知道，這是台灣大潤發所投資的，叫做「繽果盒子」，而且搶在阿里前面，逼得淘寶趕緊開「淘咖啡」，李開復也投資 F5 未來商店，積極卡位。

無人商店是未來趨勢，亞馬遜已推出拿了商品就走的 Amazon Go，阿里也推出「刷臉支付」，只有台灣人渾然不自覺，認為街頭巷尾都有 7-11，為何要無人？為什麼要無現金？

繽果盒子 A 輪融資募到 1 億人民幣，預計 8 月底會開出 200 家店，年底拓展到 5,000 家，未來變成像 ofo 一樣，非常有可能。

創業要成功，一定要和大的市場接軌，一定要有未來性，更重要的是要有環境，也就是生態系，否則創意再好也會陣亡。

台灣有很多好的人才，但沒有好的環境，以致人才、資金和企業出走。最近，許多台灣人在全球舞台發光發熱，展現出世界級的水平！

林子偉在紅襪隊不到一個月，攻守俱佳，成績遠超過重金網羅的名將。

屏東「希望兒童合唱團」上周在達文西音樂節，擊敗 18 國隊伍，拿下 5 項大獎。

台灣高中生參加國際化學奧林匹亞競賽，拿到 4 面金牌，排名全球第一。

這說明不論是體育、藝術或科學，台灣都領先群倫。但台灣輸在三點：無法把 Taiwan Excellence 轉化為商業價值、個

人的成就無法變成團體的卓越、以及很難走出去而台灣又遭
邊緣化。

除了棒球明星，大多數「台灣英雄」往往被自己人遺忘，我
們不知外國人是如何看台灣。最近美國國務院公布 2017「防
制人口販運英雄」，宜蘭漁工職業工會秘書長李麗華獲獎，
她是除了郭台銘之外第二位獲得川普（伊凡卡）接見的台灣人。

上周立法院亂鬥，美國 CNN 臉書報導，2 天觀看人次超過
95 萬人，這就是我們的台灣之光！

中國大陸正大步向 AI 前進，台灣註定被世界遺忘，未來連
工作都會被取代。

周末讀了 Ryan Avent 的「二十一世紀工作論」，這本書英
文版去年我就看過。作者表示強制提高工資必然導致低就
業，公司致力從更少、更貴的勞工身上擠出更多生產力，會
使世界有更多剩餘勞工，這就是 AI 帶來的問題。

周末也看了電影「猩球崛起：終極決戰」，很有感觸。未來
不是人猿大戰，而是人機大戰，「魔鬼終結者」的情節終將
發生，台灣的命運是什麼？

或許有天，小吃店父母會告訴子女：「把攤收了吧！台灣可
以少一個滷肉飯，但我們家將多一個懂人工智慧的人，帶領我
們走向未來。」

3.8
偷看外國人吃鼎泰豐的神情，就好驕傲！
台灣太缺這樣的企業，才被中國搞到人財兩失

2017.07.24

服務業投資不大，但很需要人才，所以人力
資源流失會增加。台灣正面臨人財兩失、
本地產業空心化的危機。

我很喜歡美食，鼎泰豐是我常去的地方之一。每次去鼎泰
豐，我有一個習慣，就是觀察別人吃東西的樣子，實在很有趣。

鼎泰豐有很多觀光客，我喜歡偷看他們將小籠包吃進嘴裡時
滿足的感覺，不管是日本小女生一邊照相、一邊喊好吃的可
愛模樣，南韓大漢狼吞虎嚥的吃相，或是香港夫妻不停點
頭、用廣東話品頭論足的神情，都讓我看得津津有味。

作為台灣人，我心裡有一股說不出來的驕傲，這就是台灣價
值，我們用好東西征服了外國朋友的味蕾，創造了無比的滿
足感。

大家常說台積電是世界級，但鼎泰豐也絕對稱得上世界級，其多年來專注做好一件事情，分店遍布世界各地，價值不遜於金字塔頂端的餐廳，是不折不扣的全民美食。

鼎泰豐重新定義傳統大家都熟悉的東西，但將其改良，達到爐火純青的境界，並將流程和品質標準化，跳脫傳統小吃店格局，走向連鎖經營。更難能可貴的在於其服務，幾乎和食物一樣精采，讓消費者有感動的體驗。

台灣產業以代工為主，很少有世界級的品牌，如果不算製造業，純粹就服務業來看，我認為有 3 個品牌在全球占有一席之地，一是鼎泰豐，另外二個是誠品和長榮航空。他們都發源於台灣，但走向世界，過去 30 年才崛起，卻創造了獨特的價值與品牌，且仍在不斷精進中。

我個人最喜歡誠品，每個周末一定會去報到，我不能想像沒有誠品的日子，它豐富了我的人生，現在全世界許多城市已不容易找到傳統的書店了。

但誠品不是一家傳統書店，它一開始就創造了一個與眾不同的定位：

第一、誠品不只是書店，就如同星巴克不只是賣咖啡，它是一個創意經濟的平台。

第二、它強調客戶至上，不僅 24 小時營業，而且書籍可供人翻閱，甚至提供寬敞空間，擺設舒適的椅子供人閱讀。

第三、它創造了商店和書店跨界經營模式，但又能掌握流行趨勢，維持獨特的風格。

誠品以原創理念顛覆了傳統書店，全世界幾乎找不到類似的同業。誠品不斷在進化，超越自己，比如說松菸店和信義店就不一樣，這兩年又引進「誠品行旅」，很多香港客人很喜歡。

我過去不認識創辦人吳清友先生，但對他非常尊敬。大約 8、9 年前，我帶一位大陸客人去拜訪他，希望邀請誠品進駐其投資的購物中心，因而結識。後來吳先生計畫進入大陸市場，請我演講和同仁分享經驗，讓我受寵若驚，我對他的離去有深深的懷念。

全世界的品牌都在重新洗牌，有兩大推力：服務業取代製造業，新經濟超越傳統經濟。中國 10 大品牌中新經濟占了 5 席，除了 BAT 還有中移動和華為；全球 10 大品牌中新經濟亦占了 6 席，最大贏家是亞馬遜。

台灣的危機是缺乏新經濟價值。大陸經濟發展已改由新經濟帶動，前 5 大品牌中，騰訊排名第 1、阿里第 2、百度第 5；2016 全球前 20 名品牌中，價值增加最多的是第 8 名亞馬遜（33%）和第 15 名臉書（48%），由此可見未來趨勢。

亞馬遜股價已超越 1,000 美元，正逐一將美國產業顛覆，其已是串流音樂第 3 大業者，正大舉進入電視產業，上周西爾斯（Sears）投降，宣布旗下家電產品將在亞馬遜銷售。

台灣產業還來不及從實體跨入虛擬，但亞馬遜和阿里巴巴已透過虛擬整編實體。亞馬遜最近開始設立實體書店，銷售網路上熱門的書，說明其以數位提升體驗的零售策略。

對中小企業來說，這是商機也是危機。淘寶興起，造就了很多小型網商，因此馬雲誇下海口，向川普保證將為美國中小企業創造 100 萬個工作。他也表示國家應為年輕人與小企業制定獨特政策，儼然成為弱勢團體的代言人。

但最近批評馬雲的聲音出現，成都一名計程車司機詛咒「馬雲死一千次」，他原來是一名小店主，網路購物興起後，小店就關門了，他只好出來開計程車，抱怨「錢都被馬雲一個人掙走了」。

這個現象很快會燒到台灣來，特別是服務業，罪魁禍首是機器人和 AI。金融業首當其衝，白領勞工有一半可能會丟掉飯碗。「一例一休」造成勞資對立，雇主都在積極思考降低成本對策，隨著無人商店普及化，將來超商人工勢必越來越少，因此年輕人的工作也沒有了。

台灣服務業未來機會在海外，不在台灣。最近的旺報社論分析企業用腳投票離開台灣，有一個驚悚的比較：今年前 5 個月，製造業去大陸投資件數成長 43%，金額衰退 22%，但服務零售業件數成長 273%，金額成長也達 108%。

這代表什麼？大企業不再往大陸跑（因為他們正前仆後繼前進美國），去大陸的反而多半是小規模服務業。服務業投資不大，但很需要人才，所以人力資源流失會增加。台灣正面臨人財兩失、本地產業空心化的危機。

面對這種情況，台灣企業必須向鼎泰豐和誠品學習，從三個層面著手：

第一、重新定義服務核心競爭力、以創新打造獨特價值。

第二、以台灣為總部、技術輸出海外市場。

第三、融入網路生態體系、開發 O2O 新商業模式。

上周時代雜誌有篇文章「The Death of the Shopping Mall」，看了很有感觸。Shopping Mall 曾是美國文化的象徵，也是城鎮經濟的中心，but it is gone。

假如我們不再做一些事，
未來面臨的將不只是 Death of Shopping Mall，
也不是 Death of Service Industry，
而是 Death of Taiwan ！

3.9
新經濟和 AI，將如何改變 10 年後的台灣？一個投資銀行家預言：台灣將「又慢又過時」

•

——————— 2018.03.19 ———————

> 唯一擁有中國速度的是郭台銘，去年他宣布
> 投資美國，最近已火速在威斯康辛州開工；
> 鴻海旗下的富士康工業互聯網向中國證監會
> 申請 A 股上市，準備充分，36 天就獲准通
> 過，轟動兩岸，打破先前一年 2 個月的紀錄。

•

上個月，馬斯克在推特上轉發福建鐵路站改造施工 9 小時就完工的新聞，表示「中國先進基礎設施發展比美國要快不止100 倍」。

一個新的概念正廣為被全世界所認知，那就是「中國速度」。李開復最近指出中國 AI 發展速度領先全球，原因包括技術、市場、資金和政策等。

中國 AI 可以快速達成其他國家做不到的事情，關鍵就在於政策，比如說個資大數據的收集。因此實力將會越來越強，加速經濟整體發展。

老美已經被嚇到了。川普去年封殺中國企業對美國公司一系列的投資併購後，最近又使出兩個殺手鐧：一個是對中國鋼鋁課以重稅，另外是封殺博通收購高通，雖然博通不是中資，但高通掌握全球最先進的 5G 技術，而中國華為正快速崛起，成為足以和高通抗衡的電信通訊龍頭，可能影響美國國安，最新的消息是大陸已開始研發 6G。

和中國大陸以及很多國家比起來，台灣的特色就是速度慢。華爾街日報曾專文分析台灣悠閒的格調，要享受生活品味可待在台灣，若要賺錢就一定要去大陸。

在台灣，事事講求慢工出細活，我們沒有速度，但有深度，很多東西不願假手機器，要靠人工，做到最精最好。

此外在政府層面，速度也過於緩慢，很多重大投資案都因而擱置。桃園機場捷運規劃了 10 年，施工又搞了 10 年，簡直令人難以置信。

面對中國市場，台灣人必須改變心態，不能只強調深度，還要有高度、廣度和速度。

台灣人太重視細節，看不到 big picture；台灣太小，沒有企圖心及能力同時拓展很多個市場，這需要模組化的商業模式、精實的管理以及閃電的速度才能達成。

唯一擁有中國速度的是郭台銘，去年他宣布投資美國，最近已火速在威斯康辛州開工；鴻海旗下的富士康工業互聯網向中國證監會申請 A 股上市，準備充分，36 天就獲准通過，轟動兩岸，打破先前一年 2 個月的紀錄。

速度為什麼那麼重要？因為我們周圍環境正在起快速變化，如果沒有調整速度，就跟不上時代，會遭到淘汰。最近台商在中國大陸普遍遭遇困境，就是因為沒有快速轉型的緣故。令人諷刺的是，台商的發跡地深圳，正好也是中國大陸現在最創新的地方，原先是山寨和 low-end 製造的大本營，但為何我們無法掌握這個機遇？

全世界會變快，有幾個主要原因：

第一是互聯網。Internet 促使信息快速流通，把世界真正的拉平了，許多網路的技術又讓資訊能夠更有效率的散播。

第二是 AI。人工智慧將我們由數位化一下子推進到智慧化時代，未來會呈現幾何級數的成長，很多傳統人力工作原來需要很多小時，比如說人臉辨識，AI 只要幾秒鐘就能完成，大大地提高生產力。台灣若在 AI 應用落後，將淪落為「數位第三世界」。

第三是 5G。這尚未發生，但 5G 將促成影音資料瞬間快速交換，可連結更多更大量的信息，促使人們溝通的速度進一步提升。

第四是全球化整合。台灣以往對外資不大友善，適度開放不但能引進外資，而且可以提升管理及技術、帶動產業快速發展。最近許多外資來台灣投資離岸風電就是例子，已帶動周遭產業鏈生根。

新經濟的核心精神也是速度。近期有很多獨角獸的討論，這些網路巨人都是在很短時間內成形，例如共享租車的滴滴出行、共享單車的 ofo，還有外賣快遞的餓了嗎，成立時間都只有幾年，卻因新商業模式、市場和資金而快速成長，甚至完成整個市場的整合，現在全世界最大的共享租車公司都已被軟銀掌控。

新經濟有一種特殊組織叫做「加速器」（accelerator），協助新創企業快速成長、產業加速整合，原先需要 10 年，現在可能 3～4 年就可達成目標。其實這是揠苗助長，以傳統管理理論來說完全不正確，但這正是新經濟的遊戲規則。

今天台灣需要加速的不只是新創企業，大企業也要，政府更需要，每個人都需從心態上改變，把速度變成一個重要的 KPI 指標。

常有人問我，我平日那麼忙，為何還有空寫文章？關鍵就在於速度，速度要快必須要有靈感，而這又和平常資訊收集及思考模式有關。

我讀書興趣雖然廣泛，但不是亂看一通，通常會有特定主題，比如說 AI、機器人、A 股市場。我會訓練自己快速思考，了解其意涵，一旦有心得即形成一個知識的小積木（module），放到腦裡面儲存起來，等需要時再拿出來用，就會很方便！

不是每個人都能適應新經濟。最近曾獲得亞洲 50 大餐廳頭銜的台中樂沐宣布年底停業，主廚表示她很不適應新的網路時代經營手法，要搞得很花俏、用很特殊的食材、懂得講故事，並把自己包裝成網紅。

我也喜歡 pure and simple，但新經濟的衝擊如排山倒海的過來，讓你沒有喘息空間。或許有一天，我們會看到傳統價值的反撲，但不是現在。

面對新經濟，大部分現有知識會變得沒有用，每個人必須不斷掌握新知，所以學習力很重要。另外必須打造共學、共創、共享的環境，集合眾人智慧，形成一個知識網。

我相信由於速度，台灣將會落後世界和未來越來越遠。10 年後當別人問起台灣，可能會有以下的形容：

A place which is slow and outdated，
but beautiful and very human!

3.10
微軟關閉 Windows 部門、蘋果衰退，還有 3 個市場會發生大改變！
老總：台灣卻都沒察覺

◆

──────── 2018.04.23 ────────

「跨世代」指的是「互聯網 +」或「智慧 +」。

不管你是服務業或製造業，

都需有數位化和智慧化的能力。

◆

1990 年代，地球上最有影響力的公司不是蘋果、也不是谷歌，而是微軟，有一段時間大家甚至認為微軟可能會永遠稱霸電子產業。我當年 MBA 同學中有 9 人加入微軟，其中最有成就的一位是 Windows 團隊的主要負責人，現早已退休。

也正因為如此，當我看到微軟最近宣布終止 Windows 部門，並將其拆分成不同單位，併入其他部門，從此轉型為雲端服務公司，內心有說不出的驚訝。誠如一位 PC 大老所言：這代表「一個時代的結束」。

去年我和一位矽谷來的創投家交流，他當年曾在我同學的 Windows 團隊工作。他告訴我一個小故事，當年他原在微軟最紅的作業系統部門工作，但我同學看上了他，對他說：「你可以選擇在別的團隊裡默默無聞，或者跟我一起建立 Windows 部門，開創一個全新的世界」，當然我們都知道後來發生了什麼事。

微軟的例子之所以特殊，是因其徹底否定其賴以成功的過去、重新定義自己。很少人能夠做到這一點，大多數人偏好漸進式的改革。

台灣有類似的例子嗎？去年大潤發中國賣給阿里，創辦人說了一句名言：「我戰勝了所有競爭對手，卻輸給了時代」。但大潤發很勇敢，選擇自我了結，重新投入新的經營模式，拒絕陷入永無止境的紅海廝殺。

我們處在一個大洗牌的時代，關鍵字是轉型。我們所熟悉的事物，許多正逐漸消失。未來只有兩種選擇，一是像微軟和大潤發一樣主動轉型，另一種是遭新時代潮流淹沒「被轉型」。

然而轉型是殘酷的，新技術往往一夕間取代傳統。美國百年大廠柯達為何破產？就是因為沒有預期數位相機發展趨勢，而數位相機現又被手機取代。

在新時代，要懂得轉型與調整，從一而終並非好事。大立光近年專注開發蘋果相機鏡頭，被譽為模範，卻忽略了快速興起的車用市場，以致無法阻擋蘋果衰退的亂流。

目前還有幾個超級大的市場很快就會被取代，但台灣似乎並未察覺到這些趨勢。

第一是汽車。2018 是電動車元年，雖然最近有自駕車意外事件，特斯拉也出貨不順，但並不能阻擋新能源車崛起。我們只有強調產品，但未投入系統服務，台灣路上有無人車嗎？

第二是互聯網通訊。幾年前當別人用微信（WeChat）打電話給我，我總覺得麻煩，因為收訊並不好。但現在當許多人連本地通訊都用微信時，我們已進入一個新時代；兩岸打電話，我都不好意思再用傳統電信。現在除了我這種老派人物，很少人還在用簡訊（SMS）。

第三是無現金支付。在這方面台灣嚴重落後中國大陸和東南亞國家，這些地區已邁入無現金社會，嚴重衝擊金融業。台灣仍有近 40 家銀行，未來肯定會有陣痛。

從宏觀的角度，我們可觀察到幾個超級大趨勢：亞洲四小龍已逐漸沒落；中國大陸正快速崛起；美國失去世界絕對話語權；東南亞成為亞洲新成長引擎。從金融投資的角度，中港

資本市場未來將非常吸睛：生物醫藥變成熱點；阿里等大咖回歸；香港成為新經濟股票上市首選。

這些趨勢都很明確，所以企業或個人未來必須要有清晰的戰略規畫和資源配置，錯一步可能錯十年。

你不需是一個genius，也可感覺到something is happening。但重點是要如何去調適轉型，我認為可以思考以下三個方向：跨地域、跨世代、跨領域。

「跨地域」是到別的國家去，擴大市場格局，也就是「country +」。由於環境變化太劇烈，我們不一定能夠只選一個地方，關鍵在於培養移動的能力，因此國際觀和多元價值很重要。

未來是「知識經濟」時代，會走向輕資產，台商不需再到各地建工廠，更重要的是要有將核心競爭力轉化為「可輸出know-how」的能力，才能在全球網絡中，來去自如。

「跨世代」指的是「互聯網 +」或「智慧 +」。不管你是服務業或製造業，都需有數位化和智慧化的能力。中國在這方面非常超前，許多人都有「互聯網 +」意識。上周我在大陸碰到一位媒體人，她向我解釋雲端可如何改造其商業模式，我覺得她講的並不對，但她擁抱新經濟的精神令人敬佩。

最困難的轉型方向是「跨領域」，也就是「跨界」。人人都有可能跨入新領域，搶奪別人的市場，原有市場也可能被不同行業新的競爭對手侵入。

最近阿里和騰訊大肆併購，跨入許多新領域，如零售和醫療。台灣缺乏數位經濟生態系，因此各行業必須自己努力，制定轉型方案，光靠新創企業或科技大廠是無法帶動改變的，我們不能 copy 矽谷或中國以新經濟為中心的創新模式。

大陸共享單車業者雙雄大戰，第二大摩拜（鴻海有投資），最近賣給第二大外賣業者美團，沒有和第一大單車業者 ofo 合併，跌破市場眼鏡。外賣服務需要用很多單車，所以才有這個結合，這是一個很有創意的跨界思考。

跨界讓我們的視野超越原有行業以外，很多以「共享客戶」為出發點，最近沃爾瑪高價收購一家保險公司，也是這個道理。

台灣學生和老師大舉前進中國大陸，在此同時，台大卻選不出校長，教育部長黯然下台。或許我們應運用跨界思維，以「中國互聯網＋台灣教育」，來改造台灣的教育體系。

台灣需要的不是政治的轉型正義，而是經濟的轉型升級。

不禁想起了那句老話，台灣，代表了「一個時代的結束」。

3.11
兩韓和解、中印合作 ... 不必擔心邊緣化，台灣握有全球科技和經濟的「核彈」

•

──────── 2018.04.30 ────────

我們掌握了全球經濟和科技的核彈──半導體。

台灣擁有最關鍵的經濟武器，為何不能像金正恩、

從棋子變成棋手？

•

車子穿過一大片公園綠地，周圍風景新舊交錯，有上世紀的古老建築，也有設計新穎的辦公大樓，道路寬敞，路上行人不是很多，經過了 15 分鐘，到達我住的酒店，這裡是柏林。

我來參加一場國際論壇，通常我不會去太遠的地方，但由於舉辦地點是柏林，於是便毫不考慮地報名了。過去 10 年，除了英國以外，我幾乎沒有去過其他歐洲城市，但我怎麼能錯過柏林？這是有生之年一定要造訪的地方。

柏林在二戰期間飽受戰火摧殘，但現已看不到歷史傷痕。離開那天我雇了一部車，載我到城市各個景點參觀，我特別去

了歐洲被害猶太人紀念碑，在一排排水泥方塊中人會迷失方向，感受到一種無形的壓迫感。

這次研討會第一場的演講人是德國前副總理兼外相，他經驗豐富，和我們介紹歐洲現況。當今民粹主義盛行，法國總統和德國總理努力想團結歐洲，但東歐和南歐國家卻在經濟、政治和外交上不斷出現狀況，領導歐洲就像一項不可能的工程，更不用說川普總統所帶來的麻煩，歐洲人對他的觀感一點都不好。

柏林是歐洲的政治中心，因為德國是歐洲經濟龍頭、全球創新引擎，前兩年又接納了最多難民，扮演起老大哥的角色，現在則和法國共同領導歐洲。但是在柏林，你不會感到濃厚的政治味，整體氛圍傾向和解與和諧。

「統一」是德國的主要訴求，過去統一東西德，現在統一大歐洲，這其中不僅有前瞻的遠見與智慧，更需要無窮的耐心和包容。

歐洲現在有一股反思的浪潮，重新檢討經濟和政治一體化。英國政府估計，脫歐 2 年內，英國 GDP 減少 3.6%-6% ，對英國每個地區的每個部門都將造成負面影響。部分產業業者因為關稅壁壘需繳更多的稅，都很後悔，但已經來不及了。

上周南北韓進行歷史性和談，金正恩破天荒親自赴南韓、表達善意，雙方放下武裝對立，共同探討和平與繁榮，金正恩承諾完全棄核、年內終戰。

在南北韓握手和解的同時，上周另一個重要事件是印度總理莫迪訪問中國，和習近平進行會談。去年這兩個全球最大的國家幾乎開戰，但這趟「破冰之旅」成功修復了雙方關係。習近平表示中印要全方位合作，印度智庫學者認為，印度會與大陸共同反對美國貿易保護主義，原先大家預期的「龍象之爭」和平落幕。

這說明了什麼？全世界都在追求和平與合作，沒有人希望戰爭。中國已成為全球公認的經濟與政治領袖，從北韓到印度，大家都想與其保持良好關係，即使川普也不斷強調習近平是他的「好朋友」，金正恩更視習為「老大哥」。全世界把中國搞得怒火中燒的，除了小英和賴清德外別無他人，這是勇敢還是愚蠢？可憐的台灣人民只能跟著受苦。

兩韓融冰後，國際專家預測亞洲軍事熱點，下一個將是台海。最近大陸軍機戰艦繞行台灣，美國戰機巡弋南海，台灣風險快速升高。

台灣過去引以為傲的，是我們的民主價值。美國政治學者福山曾表示自由民主是人類政治發展的終極的型態，但近年也承認民粹主義已成為新的世界秩序。其實重點在於經濟，全世界有不少成功的專制政權如菲律賓杜特蒂，其關鍵在於經濟成長而非槍桿子，連金正恩都知道他位子要坐得穩不是靠核彈，而是要能餵飽人民的肚子。

台灣正處在歷史的臨界點，假如民主被專制否決、公義被蠻橫壓抑、良知被權力蒙蔽、理性被意識扭曲，那麼台灣作為獨立個體的價值將不復存在。全世界分分合合，「和」與「合」正逐漸成為新的普世價值。

民進黨政府取得了前所未有的權力，但台灣淪落到什麼樣的境地？全球孤立、兩岸角力、社會對立、族群暴力、人民無力。亞洲國家如菲律賓和印尼的威權政府早已被人遺忘，連北韓都開始努力發展經濟，民主的台灣卻以轉型正義為名，對歷史和對手展開清算，不惜一切代價，把重要的事情擺在一邊。北韓即將從谷底翻身，台灣卻正從高端向無底深淵墜落。

台灣真的那麼沒有希望嗎？當然不是！我們掌握了全球經濟和科技的核彈——半導體。最近川普對大陸中興通訊展開制裁，不允許高通出售芯片給中興，對其形成致命打擊。高通是台積電最重要的客戶之一，而聯發科產品也遍布中國市場。

台灣擁有最關鍵的經濟武器，為何不能像金正恩、從棋子變成棋手？小英為何不能學習文在寅，斡旋於強權之間，化敵為友、反敗為勝？在全球舞台上，台灣必須從 supplier 轉型為 partner 和 deal-maker。

小英需要轉念，拋開政黨私利，以人民為念。她當然可以做得到，把文在寅三個字重新組合，唸起來就是蔡英文！

台灣需要想像力，John Lennon 的「Imagine」描述一個沒有戰爭的世界，所有的人和平生活在一起，這已不是夢，而是現實。

「I hope someday you'll join us, and the world will be as One.」

3.12

中國大學生買不到宵夜，創「餓了吧」
外送平台以 95 億美金賣給阿里 ...
台灣做不到的關鍵原因？

◆

—————— 2018.05.28 ——————

這是一個非常時代，決策的智慧比方法重要，

而決策的時機又比過程重要。

◆

上周應邀演講，主題是創新，會後有年輕的學生說要和我請教，主要是關於創業的方向，我雖然急著趕車，但還是和他們聊了一會兒，因為覺得這是很有意義的題目。

這群年輕人想要創業，參加了一個社團，但卻找不到合適的方向。他們總共有 8 個點子，都是想解決某些問題。這是正確的出發點，創業通常和「problem solving」有關，他們的 idea 涵蓋了兒童、社會、農業、工程等領域，這是團隊成員花了很多時間所想出來的。

問題是什麼？有些領域太專門了，問題的確存在，但不是一般人能解決的，除非你深入了解這個行業，這就牽涉到「domain expertise」。還有些問題受限於法規，有很多制約因素，影響成效，這往往是外商將國外很好的想法引進台灣卻失敗的原因。

我問學生是如何產生這些 idea 的，他們回答主要是根據個人的生活經驗，在現實世界裡觀察到一些問題，所以有了靈感。這並沒有錯，但我們的世界實在太狹隘了，沒有辦法了解外在的世界，也不知道外面究竟進步到了什麼程度，這就構成了創新的限制。

中國大陸著名的外送點餐平台「餓了嗎」，成立只有 9 年，最近以 95 億美元現金賣給阿里巴巴。其起源來自一個年輕的上海學生，當年他在宿舍熬夜讀書，突然肚子餓想要吃東西，但是半夜很不方便，於是有了成立一個外送平台的想法，成為今天的行業龍頭和趨勢領導者。

這說明了什麼？周遭生活環境的確是創業靈感的來源，但要看市場而定。如果在台灣，你下樓到隔壁 7-11 就行了，加熱食品，應有盡有。不過如果在非洲，即使幅員寬廣，也不會有這種需求。中國大陸市場大、進步快，又有先進的數位生態系統，因此有很多 idea 可以快速成型，提供現實生活中的有效解決方案。

對於台灣的創業家來說，不管你是什麼年紀，首先一定要學習跳出台灣的環境，以世界的角度來思考。因此要多吸收知識，多看台灣以外的事物。中國大陸網路社會的發展成熟度已超越美國，為世界第一。若有機會，台灣年輕人應爭取任何到中國大陸實習的機會，相信會眼界大開。

台灣人不了解的是，全世界變化的速度遠超過我們的想像，很多 idea 早已有人設計出解決方案了，我們不需要再閉門造車。以往人家說 C2C（Copy to China），意思就是把美國的成功模式複製到中國，今天我應該嘗試 C2T（Copy to Taiwan），這沒有什麼好羞恥的。阿里巴巴的商業模式並非第一個，但其今天在許多領域（如支付寶）青出於藍更勝於藍。

由於外在環境的複雜化，今天我們面臨幾種新挑戰：

第一、產生我們以前沒有見過的問題。
第二、問題和問題結合，形成複合式問題。
第三，問題發生的速度越來越快。

AI 就是以往沒有的問題，它可以解決問題，但也是問題的一部分。AI 正逐漸取代人類，未來許多工作均會消失，它究竟是提高生產力的工具，還是製造社會問題的來源？可能兩者皆是。

馬雲提出「新零售」，代表線上和線下的結合（O2O），也就是虛擬＋實體，未來 O2O 會發生在每一個行業，不只是零售業，這就產生「複合式」問題：傳統產業需要轉型，但新經濟也要學習和傳統經濟接軌，管理學並沒有教我們如何處理這類問題。

既然是新情況，就不能侷限於過去的思維，也不能用傳統方法來解決問題。現實是，不可能每個人都有新思維，因此當務之急是訓練傳統的人轉換腦袋。

最近台灣 IPO 家數變少，許多企業想到大陸 A 股去上市，這對主管機關來說，是一種新挑戰，因為問題根源來自於海外。然而我們除了鼓吹台灣好、別人不好以外，似乎沒有什麼有效的解決辦法。

同樣的現象發生在學校，由於台灣高等教育制度混亂，越來越多青年學子計劃赴彼岸求學，竟然引起教育部關切，要求高中校長想辦法阻止，這就是一個錯誤解決問題的示範。

再來看投資，台灣投資長期不振，問題在於「五缺」－缺地、缺電、缺水、缺工、缺人才。政府的確有嘗試對症下藥，但光「缺電」一項就讓努力破功，以錯誤的方法解決問題，反而造成空污的新問題，整體問題越來越嚴重。

解決問題的高手是尹衍樑。大潤發中國業績下滑，他看出問題的根源是電商，立即和馬雲合作，將大潤發高價賣給阿里巴巴，sleeping with the enemy，創造雙贏。

另外一個解決問題專家是川普。他為了平衡中美貿易逆差，不允許高通賣晶片給中興通訊，打中對方要害，但並不置對方於死地，馬上回到談判桌上，暫時休兵，爭取所要的東西。

面臨複雜的問題，我們需要系統性思考，戰略比戰術更重要，必須破釜沉舟做出重大關鍵的決定。舉例來說，人才往大陸跑，代表台灣的環境出了問題，解決之道要不然徹底轉變台灣的生態系統，要不然就必須從兩岸合作，探討共贏的可能。

這是一個非常時代，決策的智慧比方法重要，而決策的時機又比過程重要。

周末在杭州聽馬雲演講，他說一般人通常「因為看見、所以相信」，但科學家和企業家的特質是「因為相信、所以看見」，這也是他演講的題目。

如果你看見了台灣的未來，請相信你的直覺，終有一天，它會實現。

3.13
鴻海規定員工看 AI 高中教科書》想增加職場身價，為何讀 MBA 已經不吃香了？

◆

———— 2018.08.20 ————

但今天 MBA 已不值錢了，有 AI 知識絕對比 MBA

更有用，因此每個人都需要培養 AI 基本概念。

◆

我們處在一個快速變遷、知識爆炸的時代，以往我們從學校取得的知識，現在很多已不適用，必須要重新學習。

3、40 年前，你所選擇的學科，可能決定你未來命運和事業成就。但過去「學校」的價值超過「學科」，所以有些人選校不選系，無論如何也要進入台大，會填寫一些分數較低的科系如地理系和大氣科學系，也有人進入政大念阿拉伯語文系，這些人當年畢業後找工作都比較辛苦，很難學以致用。

但是風水輪流轉，現在的情形和以往大不相同。由於全球暖化，今年上半年地球像火燒，熱的不得了，多處地方發生極

端乾旱、森林大火,並有暴雨及洪水,全球好像世界末日來臨。我相信未來大氣科學將會變得非常重要,而地理系由於全球水土保持破壞,也會受到重視。

另一方面,由於伊斯蘭文明興起,中東在全世界扮演關鍵角色,不管是創造財富或帶來戰爭,因此懂阿拉伯語的人很吃香,特別是現在中國力推「一帶一路」,還可以協助東西連結。此外還有韓語系,以前我不知道學這個有什麼用,不過當然我大錯特錯。

工程一直都是熱門領域, 40 年前,台大工程學科排名的順序是電機、機械、化工、土木。後來由於電腦興起,資訊系變得很熱門,現在台大工程學科類的排名是電機、資工、材料、化工、機械、海洋、土木,未來 AI 應該會獨領風騷。

其實今天學習要有「全球觀」,即是在台灣沒有市場,並不代表全球沒有機會,以土木為例,一帶一路周邊國家、東南亞都在大興土木,中國許多城市也拚命蓋高樓,所以台灣有不少建築師都去中國發展。

選擇科系有點像投資未來,你不僅要有全球視野,還需懂得「趨勢」。我突然有點同情台灣的年輕人,因為我們處在一個相對封閉的環境,和世界脫節。

今天引領全球科技發展、企圖心最強烈的絕對屬中國。台灣現在突然開始重視 AI，但足足比中國晚了 1–2 年。中國現在是新能源汽車的領導者，但台灣在這一塊卻相對空白。兩岸關係不佳，而且在學術領域缺乏交流，對台灣傷害很大。

未來知識發展太迅速，而且相互融合，因此「跨界」學習能力很重要。一個人只懂一項專業，相對一個懂三項專業而且能連結整合的人，後者更有價值。

未來是「智慧 +」的時代，每一門行業都會智慧化，比如說智慧醫療、智慧零售、智慧農業。AI 是每一個人都必須要有的知識，但即使你 AI 技術很強，也必須懂各個行業，因為未來趨勢是「智慧行業化」、或「行業智慧化」，因此能把「智慧」和「行業」跨界連結的人最有價值。

20 年前，MBA 很吃香，可以增加個人職場身價，最流行的組合是大學先有某個專業如電機，然後再念企管碩士。但今天 MBA 已不值錢了，有 AI 知識絕對比 MBA 更有用，因此每個人都需要培養 AI 基本概念。

問題是什麼？學校已無法完整的提供 AI 相關知識，現在科技發展速度太快，一般老師的訓練都來自於 30 年前 PC 時代，所謂的 AI、互聯網、大數據卻是近 5 年的事情。科技大廠如亞馬遜設有自己的學校，說明傳播知識比賣產品更重要。

對於個人來說，「網路學習」和「社會學習」變得很關鍵，甚至要「終身學習」，才不會遭到時代淘汰。

鴻海董事長郭台銘為了推動無人工廠，在中國要求每個員工都要讀一本「人工智能基礎」，這已被列為中國的高中教材。創新工場李開復也推出 AI 速成班，只要 6 周時間就能訓練出掌握 AI 先進工程能力的應用型人才。

現在很多信息和知識網上都有，根本不需透過學校取得，重點是收集、消化、整理、整合，未來一個人的知識來自於學校的部分可能連百分之十都不到。

從這個角度來看，台灣最近修改高中歷史課綱，將中國史併入東南亞，恐怕將徒勞無功。我們應了解這是否是全球主流觀點？如果不是，台灣學子有了錯誤的觀念，將來反而會在國際舞台上到處碰壁，如同東奧正名事件一樣。

對教歷史的老師來說，這是創業的好機會，「中國史」將大行其道。這就像如果你要去美國留學，一定要補習，不能只靠教科書的英文知識。現在台灣那麼多年輕人想赴陸留學，如果觀念不對，將來恐怕會被扣上「台獨」的帽子，我預期未來大陸有可能把「中國史」列為台灣學生的入學考試科目。

週末讀了李開復的《AI 新世界 – 中國、矽谷和 AI 七巨人如何引領全球發展》，很有感觸。李開復是中國網路知名度最

高的台灣人，但他全書分析 AI 沒有一處提到台灣，反而在他回憶罹癌過程時才講到台灣。這說明台灣在未來科技上遠落後後中美，但也代表我們的「人性價值」遠超過「人工價值」。

什麼才是「台灣價值」？世界自有定論，這是沒有辦法造假的。

04

—

肆
。

迫切需要
轉型的台灣產業

4.1
未來的台灣？白領階級可能大失業，
按摩師賺得甚至比上班族多！

◆

2016.01.11

想要擁抱明日的尖端科技，請到中國大陸去；
還想搞製造，請往東南亞跑；台灣剩下的就是充
滿小資情懷的服務，當然這也代表人的價值。

◆

星期六上午，我到信義區一家新開的購物商場閒逛，自從開
幕後我還未去過。

走到餐廳的樓層，時間只有十一點半，我想乾脆先找個地方
吃飯，看有沒有什麼好餐廳，雖然我一點都不餓，但可以坐
下來讀書報。

接著 amazing 的事發生了，我發現幾乎每一家餐廳都坐了一
半以上的人，有些甚至已坐滿，人群開始排隊。

我原來想找一個安靜的地方歇腳，應該沒什麼人，但看來完全不現實，找座位還要搶。

台灣人喜歡美食，但這反映的不僅是飲食，還有消費，坦白說我看不出經濟有什麼問題。

過去幾個月，台北市至少開了五家頂級牛排館，我去其中一、二家吃過，每個人平均消費在 2,000~3,000 元之間，生意好的不得了，一定要預先訂位。

看著報紙的標題，對照身旁的人潮，我陷入長長的思考，據報導，台灣經濟正面臨前所未有的慘況。

「財政部公布 2015 年 12 月出口 220.6 億美元，再創五年多來新低，衰退 13.9%，2015 全年出口減少 10.6%。去年出口連 11 月收黑，創金融海嘯以來最長衰退紀錄，若上半年出口持續收黑，將破海嘯紀錄。」

這絕對是真實的，許多科技大廠都在放無薪假，電子股上市公司市值大幅滑落，甚至吸引了大陸買家來台灣撿便宜。

電視上，候選人聲嘶力竭批評政府政策不當，房市和股市雙跌，台灣經濟奄奄一息。

但在同時，台北市卻連續有幾家頂級國際觀光飯店開幕，其中一家一個晚上房價高達 1 萬 4 千元，打破先前紀錄。

我們正處在一個前所未有的矛盾時代，沒有人知道原因，也沒有對策。

經濟的發展由三個要素所構成：出口、投資和消費。 台灣出口不振造成許多上市公司業績衰退，照理說消費應會受到影響，但表面看不出來，難道這是社會結構問題？

有一點我很確定：大部份本地企業家不想作長期投資，外國人也不想來台投資，陸資則被我們擋在外面。作為一個投資銀行家，在這方面我有很清楚的觀察。

台灣企業不是沒有錢，事實上錢多得淹腳目，但為什麼不願投資？最近我在電視上看到商業總會理事長的訪問，他表示社會仇富反商情結高漲，讓企業沒有信心。

另外一個原因是不知道要投資什麼。台灣產業轉型太慢，政府又缺乏具有前瞻性的產業政策，這從上周 Las Vegas 2016 國際消費電子展 CES 即可知。

今年 CES 的主軸是智慧車聯網、智慧家庭、無人機和虛擬實境（VR），除了宏達電沾到了 VR 的邊，其他都沒有台灣的份。

中國製造已成為 CES 的主角，今年 CES 參展廠商 4,000 多家，其中有 1/3 來自中國大陸。當我們還在為「紅色供應鏈」爭論不休，大陸早已搶先跨足明日科技和世界品牌。

從各種訊號來解讀，台灣經濟沒有大前景，只有小格局，服務業算是典型代表。

投資 20 億元是高門檻，只有少數人玩得起，但吃一頓 2,000 元的飯，雖然不便宜，很多人都能負擔，有一種人人平等的感覺。事實上我還不如他們，因為我不願意排隊，也不會網路訂位。

很悲哀，這反映了台灣經濟的未來。想要擁抱明日的尖端科技，請到中國大陸去；還想搞製造，請往東南亞跑；台灣剩下的就是充滿小資情懷的服務，當然這也代表人的價值。

經濟學家柯文在他的書《再見，平庸時代》（Average Is Over）中，生動描述了這個情景。他認為未來社會頂層是超級生產者，他們懂得運用最新科技帶動創新、提高價值。

在這群人之下，會有一小群各類服務提供者，包括按摩師、訓練師和家教等，他們可以用精緻的服務，收取較高的費用，但再一層的低技能服務業如餐飲和保全，很多工作將被移除。

台灣的未來，主要是為其它經濟體如日本和中國大陸的旅客服務，台灣價值在柯文的書中有提到，那就是比較「盡責」，不易被機器取代。在人力缺乏時代，人力服務有可能越來越值錢。

周末看了一本書，叫做《被科技威脅的未來》（Rise of the Robots），精闢地分析了科技對未來工作的影響：多數美國人薪資停滯不升，所得分配不均愈趨嚴重，新鮮人收入降低、失業率增加。換言之，我們面臨的是世界共通問題。

書中提到，經濟衰退期間中產階級工作（如銷售和行政）大量流失，經濟復甦後創造的多半是低薪服務業工作，例如零售和餐飲業，以及多數勞工無法勝任的高技能工作，這叫做「就業市場兩極化」。

簡單的白領工作將被機器取代，衝擊剛入社會的年輕人，結果是高學低就，很多大學生不得不到咖啡廳工作。

我不禁想起小說家廖輝英的「油麻菜籽」，這好像台灣人的宿命，只能逆來順受，努力在艱苦的環境裡活下去。

蔡英文將「就業」作為其三大政策訴求之一，但這不是國民黨的錯，不是中國的錯，也不是任何人能輕易解決的問題。

面對未來挑戰，我們對問題的本質需要有更深刻的反省，不要期待政客能為你做什麼事。

原來，台灣需要翻轉的不是政黨，而是你與我，我們自己。

4.2
川普當選
賣給外國人、或賣給鴻海 ...
台灣企業要活下去，只有 4 個選項

◆

2016.11.14

台灣必須重新檢討對美、日的策略，

放棄「聯美日以制中」的不切實幻想。

◆

當時歐巴馬正在發表他的競選政見，身旁一位中年婦人突然說：

「聽這個人講話，令我全身起雞皮疙瘩。」

我非常訝異，假如歐巴馬能讓外國平民都有感覺，可見其感染力之強，這就是個人魅力（Charisma）。

個人魅力是歐巴馬和希拉蕊的差別，也是希拉蕊和川普的分野。美國總統選舉好比真人實境秀，完全是個人風格的展現。

每次川普演講，總會舉起手比著三的手勢不斷揮動，並且清楚的一個一個字強調他的訊息：

「我・會・讓・美・國・再度・變得・超級・偉大。」

這次美國總統大選三場辯論，川普都輸給希拉蕊，但選民不會去理解過多資訊，川普以最簡單的語言，不斷傳達遞幾給訊息，都是選民所關心的，而且大家相信他能夠 deliver。

反觀希拉蕊，大家不知道她的主要政見是什麼，只有不斷地批評對手缺乏經驗和危險瘋狂，卻無法使自己變得更好。

川普的競選口號是「Make America Great Again」，我本覺得陳腔濫調，但這反映了許多美國人的心聲。面對中國崛起，美國在全球的老大地位已漸被超越。

第二個競選主軸是移民，川普尖銳觸動了選民痛點，這和英國脫歐原因如出一轍。

第三是反全球化，這和就業有關。過去 20 年美國工作大量外移海外，主要是中國大陸，中產階級民不聊生，貧富差距拉大。

川普並沒有完美的解決方案，他不可能在墨西哥邊境建築高牆，不可能在一夕間廢止 TPP，也不可能讓所有工作回流美國，但他讓人們相信他會做出改變，而且有解決問題的能力。

「改變」（Change）也是歐巴馬勝選的關鍵信息，他在任內推動全民健保，並「差點」完成 TPP，但這一切將隨著他下台而畫上休止符。

川普在「交易的藝術」（The Art of the Deal）中說，「宣傳的關鍵就是虛張聲勢，我一次又一次的努力引起人們幻想。」他成功了，他是騙子，不是瘋子。

事實上，從川普當選那刻起，他已變了一個人，不管是公開演講或會見歐巴馬，他都不復見誇張的言行舉止，反而顯得謙虛穩重，現在要開始演另外一齣戲了。

對於台灣來說，川普勝選不啻晴天霹靂，是最糟的結果，我們完全沒有準備，毫無對策。

首先，TPP 已胎死腹中，台灣和大部分國家均無 FTA 關係，又封殺了兩岸服貿、貨貿協議，淪為經貿孤兒。由於兩岸關係不好，台灣也很難參加中國大陸主導的 RCEP（區域全面經濟夥伴協定），新南向政策破局。

其次，美國將放棄「重返亞洲」戰略，改採獨善其身的保護主義，中國大陸變成亞洲區域經濟的主導者，習近平將於 APEC 重推中國主導的「亞太自貿區」計畫，取代 TPP。

再者，不像日本、韓國以及菲律賓，台灣對於美國並無明顯的戰略價值。以前有過民意調查，如果有戰事，美國最不願意為台灣出兵。

川普是商人，沒有意識形態，並非傳統共和黨員，只是借殼上市，因此過去的關係都不適用。在他眼中，任何東西都有交易條件，台灣很容易淪為中美談判的籌碼。

小英只會抱緊美日大腿，現在日本自身難保，安倍匆匆赴美求和，何暇顧及台灣？由這次日本核災食品輸台公聽會，看得出來政府已亂了步調。

作為出口型經濟，台灣高度依賴美國，蘋果打噴嚏，台灣電子股重感冒，台灣需要美國，美國不需要台灣（我們搶走了美國人的工作），唯一例外是台積電，但它已是一家美國公司。

台灣必須重新檢討對美、日的策略，放棄「聯美日以制中」的不切實幻想。人需認清現實，歐巴馬和川普握手言和，安倍低聲下氣赴美，杜特蒂把嘴閉起來，台灣呢？

我們要繼續宣稱和共和黨關係有多好，還是趕緊修補和中國大陸的裂痕，異中求同，爭取加入「亞太自貿區」和RCEP？

現況已改變，而且永遠回不去了，台灣必須作好面對更多黑天鵝的思想準備。

周末自由時報社論已有反思：「小英政府追求公平正義，但假始餅沒有做大起來，如何分餅的方式都無法面面俱到。」「若經濟連結中國政策見效，產業經濟就業所得好轉，而不是特定集團獨享紅利，選民會不會減輕對傾中路線的反感？」

習近平上周高規格紀念孫中山誕辰 150 周年，再次高舉反獨的旗幟，他表示台灣任何黨派、團體、個人，無論過去主張過什麼，只要承認九二共識，大陸都願意與其交往。

全球化是台灣的出路，但目前我們走不出去，別人也進不來，美、歐、日商會痛批台灣投資環境不友善、經濟陷入泥沼。面對孤立困境，台灣的企業只有四種選項：

第一是賣給外國公司，變身全球企業。
第二是和中國大陸企業合作，藉由中國大陸走向世界。
第三是委身下嫁有全球布局的台灣企業集團，如鴻海。
第四是本地企業聯手起來，形成一定規模、分工合作，再想法子走出去。

要想了解川普，不需華府關係，只要好好研讀他的書（我有三本），並仔細觀摩「誰是接班人」。

川普當上美國總統，說明治理國家如同領導企業，商人可能是更佳領袖人選，郭台銘董事長（Terry）可以開始準備了。

Terry for President. Make Taiwan Great Again!

4.3
不親中不靠美，台灣還是能勝出的方法？
老總：鴻海若買下台積電，將創造五方贏家！

2016.12.19

我們需要學習 deal-making，

才能創造真正的台灣價值。

川普暗示以台灣作為籌碼，和中國進行經貿談判，引起軒然大波，雖然北京嚴正表示「一中」是中美關係的基礎，絕無談判空間，但潘朵拉的盒子已被打開。

連歐巴馬都必須站出來，解釋「實體」（entity）和「自治」（autonomy）這些概念，並強調台灣不會宣布獨立。

在這個過程中，川普已得到更多資訊，那就是中國的底線，這也是一種優勢，他可以改變策略。對精明的商人來說，沒有什麼不能談的 deal，everything has a price。

有一位大陸企業家告訴我一個故事，年輕時參加朋友聚會，他總能把到最漂亮的妹。其實沒有什麼訣竅，雖然他貌不驚人，但每次他會請美女跳一支舞，舞跳完美女也到手了。別人都不知道他是如何辦到的，他說他只是在美女耳邊講了一個令人無法拒絕的數字，僅此而已。

我也有類似的經歷。1994 年一家獵人頭公司，挖角我擔任台灣某外商總經理，當時我有最大的團隊、最好的業績，我告訴對方我工作很愉快，絕對不會跳槽。這家公司負責人未反駁我，他完全同意我的看法，但問我「在什麼情況下」才有可能轉換跑道，我告訴他除非換一個市場，他馬上改變策略，當年年底我就轉到上海上班。

台灣的現狀，好像電視連續劇劇情，父母親吵架爭奪小孩撫養權，小孩究竟要跟父親還是母親？或一個人各陪幾天、雙方都可接受？小孩能否掌握自己的命運？他可不可以說：「你們都不要吵了，我誰都不跟，我要做我自己」，或者說：「條件是由我來訂，不是由你們訂。」

菲律賓總統杜特蒂在新加坡演講，強調中國給他很多好處，他再也不要受美國人的氣。台灣能不能像菲律賓一樣周旋於大國之間、游刃有餘？我們需改變作法，過去是「不接觸、不談判、不妥協」和「不統、不獨、不武」，未來應改成「要接觸、要溝通、要雙贏」，這就是 deal-making，代表談判的藝術。

現實上台灣政府想做什麼事，都會有很大的限制，政黨政治已將台灣帶到死胡同裡了。有些事情明明有解決方案，卻不會成功，導致最糟的 scenario。

但企業可以做一些事情，改變其未來的命運，台灣企業應怎麼做？孫正義最近和川普達成協議，投資美國 500 億美元，創造 5 萬個工作，我參考他的思維，設計了一個架構，作法如下：

請郭台銘董事長說服他的親密戰略夥伴孫正義，從新募集的 1 千億美元基金（主要資金來源包括沙烏地阿拉伯 450 億美元及鴻海 70 億美元）中撥 300 億美元，公開收購台積電 20% 股權。台積電目前市值 1,500 億美元，20% 正好等於 300 億。這個 deal 可以創造五方贏家：

第一、對台積電好。台積電是世界級的企業，但張忠謀已 85 歲，沒有接班人。郭台銘有企圖心和實力，鴻海若能接手台積電將可超越三星，更何況錢不需要他出。

第二、對孫正義好。軟銀未來的大戰略是物聯網，核心布局就是剛花 320 億美元買下的英國晶片公司安謀，可以說一腳已跨入半導體領域，再投資台積電順理成章。

第三、對郭台銘好。郭董買下夏普，轉虧為盈，已成經營之神，他剛宣布在廣州投資 2 千 2 百億台幣，建下一代面板廠，

若能和孫正義合作投資台積電,將改變全球 IT 產業的版圖。台積電本質是代工,和鴻海相同。

第四、對台灣好。小英推動五大創新產業,但忽略台灣最關鍵的半導體產業,引起張忠謀等大老抗議,這筆交易可以改變一切,更何況引進的是日資和中東資金,而非中資。日月光收購矽品 25% 股權花了 352 億台幣,買台積電 20% 雖要 300 億美元,仍屬可操作範圍。

第五、對沙烏地阿拉伯好。沙國積極想轉型,所以和孫正義合組基金,有什麼項目可以像台積電一樣,連結全球半導體及明日科技生態體系?

台灣企業應向川普學習,其實我們有很多 deal-making 的機會,只是我們太過封閉。未來我們不應再以「不」為出發點,這是一種「不作為」的背動心態,台灣需反轉這種思維,主動出擊。

聰明的台灣企業已在行動,我們看到三種趨勢:

第一是賣給美國。小英最近參加美光在台擴大投資典禮,但台灣自主 DRAM 產業已滅亡了,台塑的華亞科以 1 千 3 百億元賣給美光,成為美國人子公司。這沒有什麼不好,誰叫我們自己實力不夠、又不爭氣?把自己美國化符合未來趨勢,也算是一種保險。

第二是投資美國。除了鴻海積極呼應「美國製造」外，台塑也將加碼投資德州廠，擴大美國內需布局。川普上台，中國企業投資併購美國公司難度增加，台灣可取代中資，但只有少數企業有這種能耐。

第三是賣給中國大陸。兩岸關係不佳，最近不少台企在大陸遭遇瓶頸，需要戰略合作夥伴，作法就是出售大陸子公司給陸資，如聯發科以 6 億美元將其大陸子公司出讓。

台灣的未來不在台灣島內，而在於連結世界，特別是中國大陸和美國。許多人的觀念在轉變，和三年前相比，我看到更多台灣學子在中國大陸實習，也遇見更多在陸企工作的台灣人。

但這還不夠，我們需要學習 deal-making，才能創造真正的台灣價值。

和台灣最相關的字之一是「矽」，小英提倡「亞洲矽谷」，也有人講「創新矽島」。矽也代表晶片，還有籌碼的意思。

To bet on Taiwan, this is the time to CHIP in.

4.4
鴻海不等於台灣！郭台銘已經進化到神級，
台灣卻跟南韓一樣，經濟快滅頂

◆

2017.03.06

我們不能拿鴻海往自己臉上貼金，鴻海好不代表
台灣好，這早已不是一個等級，差了三個檔次。

◆

年輕時，我雄心萬丈，這幾年越來越保守，不敢再作太大的
夢。一個人的企圖心，在他一生中，到底可以到什麼程度，
是我一直有興趣了解的。

上周，商業周刊封面專題介紹全球排名第三的工具機集團友
嘉，總裁朱志洋在過去 5 年不斷併購，如今版圖遍及 14 國，
旗下有 42 家公司，包括德國前三大汽車引擎加工廠和義大
利航太工業廠，一家產值相當於台灣同業全體產值的一半。

有趣的是，28 年前朱總裁就成為商周封面人物，被封為「台
灣併購大王」，但現已成為世界級的併購之神，更表示要拼
到世界第一才退休。

無獨有偶，上周郭台銘董事長又出招了，表示希望收購因集團財務困境不得已出售的東芝半導體，並強調自己有誠意、有實力、有價值。

鴻海去年以 35 億美元併購夏普，在短時間內將公司轉虧為盈，若要併購東芝，價格可能高達 1.5 兆日圓（130 億美元），但郭老闆連眼睛都未眨一下。

友嘉朱總裁和郭董都有一個特色：世界級。台灣對他們來說實在太小了，台灣最傑出的企業家在全球舞台上能呼風喚雨，但在台灣卻往往龍困淺灘。

郭董事長上周在廣州出席堺工廠 10.5 代顯示器動土儀式，這個 90 億美元的投資案從接觸、談判到啟動僅花了不到二個月的時間，包括農曆春節，未來產業鏈產值超過人民幣千億元。

台灣報導了這則新聞，但很少人有深入體會，大家對鴻海的新聞早已麻木了。這個項目的應用是「超高清 8K 電視」，8K 顯示將超越肉眼極限，可看清仙人掌上的手術痕，並用於尖端醫療領域，換言之這是未來超先進技術。

其次，這不是一座工廠，郭董強調他在打造「8K 生態園」，將引進 1.5 萬名高技術人員，並帶動康寧、日亞化、思科等世界一流廠商一同進駐，這個指標已基本完成。

郭董已進化到神的等級，神能夠改變世界、創造未來。先前郭董曾表示在美國也要興建面板廠，投資額 70 億美元，他說不會中美選邊站，兩個他都要。

我 Stanford 的教授 Jim Collins 有一本經典作《從 A 到 A+》（Good to Great），探討企業如何從優秀蛻變至卓越，其中提到「飛輪效應」，意思是企業改造就像推動巨大的輪子，一開始很困難，但當實力累積到一定程度，速度會愈來越快，突飛猛進，這就是友嘉和鴻海目前的階段。

郭董的戰略夥伴軟銀孫正義更驚人，去年他宣布要募集 1,000 億美元成立「軟銀願景基金」，投資未來科技，現已基本完成，沙烏地阿拉伯和卡達主權基金出了大部分的錢，此外蘋果、Oracle、高通、鴻海等科技巨頭幾乎全員到齊。在私募股權基金行業，100 億美元已是不得了的規模，再乘 10 倍簡直難以想像。

世界正在形成贏家俱樂部，贏家掌握關鍵資源，什麼事都做得成，資金、政策、人才、技術、市場會自動匯集，形成一個贏家生態圈。台灣不幸不在其中，唯一可聊以慰藉的是現在和南韓一起被打入敗部，算是難兄難弟。

我們不能拿鴻海往自己臉上貼金，鴻海好不代表台灣好，這早已不是一個等級，差了三個檔次。以前有一個說法叫「Asia ex-Japan」，未來會有「台灣 ex- 鴻海」、「台灣 ex-TSMC」。

不要羨慕郭董，我們只能怪自己沒有志氣。鴻海拼命全球併購，一般台灣人在拼什麼？根據最新報告顯示，台灣高淨值人士平均擁有房產高達四棟，與沙烏地阿拉伯並列全球第一，我們是否太安逸了？

郭台銘這次在大陸，還和生技龍頭華大基因展開全方位戰略合作，在廣州打造健康城，取名「百歲新城」，未來透過基因生技，活到百歲不是夢。華大基因董事長向郭董保證 100 歲是底線，甚至可到 120 歲，郭董說他人生觀都變了，因為從現在 67 歲到 120 歲，還有 53 年，可以做很事情。

不知道為什麼，郭董現在的照片，的確比他 10 年前看起來還年輕。我也在思考，到底我現在要開始倒數計時，還是重新計時（re-set）？

台灣正在關鍵的十字路口上，一方面台積電和兩家面板大廠積極招募人才，景氣回溫，好像回復正常。但在另一方面，世界不斷進步，科技快速變化，我們不在未來科技的生態圈內，而知識工作者又因「一例一休」法令被綁死，這些對創新都是很大的危機。

台灣過去將南韓視為最大競爭對手，韓國接收了台灣在中國大陸的經營成果。韓對陸出口，占總出口額 25%。現在由於薩德飛彈事件，中韓瀕臨斷交，大陸對南韓進行各項抵制。禍不單行，韓國最大集團三星掌門人李在鎔涉嫌行賄遭起訴，三星面臨分崩離析的危機。

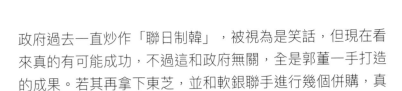

政府過去一直炒作「聯日制韓」，被視為是笑話，但現在看來真的有可能成功，不過這和政府無關，全是郭董一手打造的成果。若其再拿下東芝，並和軟銀聯手進行幾個併購，真的有可能一舉超越三星。

如果要我選一支下一個 10 年的長期投資標的，我會選擇鴻海，而不會選台積電。我已隱約看到了郭董的未來 10 年，and I am a huge fan ！

小英應非常謙卑地向郭董請益，問他台灣應該要怎麼改，否則有一天位子真的可能被郭董取代。

至少，人民會有所期待，I want to win，有生之年，我希望看到台灣的飛輪效應！

4.5
蘋果、軟銀、阿里巴巴...
世界最強企業,都跟他綁一起!
郭台銘當總統,能救台灣的 4 個理由

◆

――――――――― 2017.05.09 ―――――――――

我認為現在年輕人需具備三個歷練:第一是在中國

大陸工作、求學或實習,第二是在世界的類似

經驗,第三是從事過冒險犯難、創新創業的事情。

◆

短短幾個禮拜,台灣經歷了前所未有世界動盪局勢的衝擊與洗禮,我們的命運被外在世界發生的事情所左右。

北韓危機進一步升高,美國派遣三艘航空母艦前往南韓海域,戰爭一觸即發。川普為了拉攏習近平的支持,表示中國並非匯率操縱國。小英接受路透社專訪,聲稱不排除與川普再度通話,但立即遭川普無情打臉。川普表示已和習近平建立非常好的私交,並稱其為了不起的領導人,由於習正努力為美國處理北韓問題,因此「不想為他製造麻煩」。

然而這一切新聞，都不及接下來發生的事情來得驚人：鴻海董事長郭台銘在 24 小時內兩度拜會白宮，獲得川普接見，討論在美國進行一系列資本密集型、技術性勞力密集型和高科技投資。

郭台銘在白宮待了 3 小時，他不是去照相參觀，而是和全世界最有權勢的人探討影響美國經濟前途的大事。簡單來說，郭董做到了小英及歷任總統都無法達成的事。

對此，總統府發言人表示，台灣產業在國外有良好的發展，給予祝福與期待。小英總統表示台灣與美國經濟有不同面向互補，希望郭董「尋找互補性最高的地方，讓雙邊有利」。

有趣的是，先前台積電計畫赴美投資，政府表示要盡一切手段將其留下來，為何現在如此大方？郭董很明顯比張忠謀更高人一籌，兩者投資均為資本密集和高科技，但鴻海還有勞力密集型，可以創造工作，而且又和蘋果息息相關，可以創造話題。

換個角度，小英未來要依賴郭台銘，才能拉近和川普及美國的關係。這也是為何政府最近急忙要協助企業赴美考察，其實政府能幫企業什麼忙？none！不要扯後腿就好了，是企業在砸錢幫忙政府拓展外交關係，政府只是在搭便車。

日本管理大師大前研一在他的新書「全球趨勢洞察」中對此有精闢的評論，書中有一整章討論小英與台灣，他表示「郭

台銘是蔡英文的刎頸之交，萬一台灣與北京政府之間發生什麼問題，想必郭台銘應該會居間協調」。不少人之前嘲笑這段描述，但現在應該不會了。

台灣人對於川郭會有什麼看法？整體而言就是郭台銘比小英有能力，更適合領導台灣，甚至成為國民黨主席候選人爭相拉攏的對象，但很少人真正去深入理解郭台銘成功的因素。

郭董空前的成就對台灣有幾層意義：

第一，這是台灣人第一次以「生意人」的角色揚名國際。過去我們有傑出的科技人、體育人和文化人，但全世界從來不認為台灣人很會做生意，郭董改變了這個形象。

第二，全球未來的命運和郭董綁在一起。全世界最有實力的企業家，包括蘋果的庫克、特斯拉的馬斯克、軟銀的孫正義、阿里巴巴的馬雲，每個人都是郭董的重要事業夥伴，互相依賴、共存共榮，他們打造了未來十年創新與財富的生態圈。

第三，郭董的人脈橫跨美、日、中國大陸，這正也是影響台灣未來的關鍵所在。以往我們習慣把郭董歸類為中國商人，但他現在已是真正的「世界人」，可以在任何一個地方槓動資源，創造最大的槓桿。跨地域連結，帶來乘數效應，買下夏普並和孫正義結盟，更讓郭董實力突飛猛進。

第四，郭董已進化為 deal-maker，其他台灣企業家只是 product-maker。川普很喜歡說「Let's make a deal」，精明的 deal-maker 都懂得玩 other people's money，簡單的說就是「運用別人的資源，加以整合，創造更大的價值」。近期郭台銘計畫收購東芝半導體就是最好的例子，他出三兆日圓高價，比別人高了 50%，然後再籌組「美日台大聯盟」，邀請蘋果及戴爾加入，自己只保留 20%，其餘美日各 40%。

根據 2016 年 Fortune 全球 500 大企業，鴻海已晉升到第 25 名，是不折不扣的世界企業。三年前李嘉誠出訪歐洲，大陸熱門話題是「別讓李嘉誠跑了」，去年底大家開始講「別讓郭台銘跑了」。

周末看了一本新書《郭台銘霸業》，其中最讓人感動的是他發跡前的故事，包括他當年勇闖美國，在惡劣的環境中爭取訂單，「你手上拿了爛牌，才會絞盡腦汁去打」。

書中也提到 1980 年代是台灣全力發展經濟的時代，全民皆贏的時代，每個人都在努力打開全球市場，那個時代離我們好像已經很遠了。

郭台銘是台灣下一代的學習榜樣，而非不可能達成的目標，他自己就是從無到有的典範。最近我碰到一位年輕人，兩年前他在大陸平安保險旗下陸金所擔任 P2P 商品銷售組長，業績卓越，我在台大開 Fintech 課的時候曾請他回來演講。

但正當能更上一層樓的時候，他卻辭去工作，以長達一年的時間到全世界共 11 個國家擔任志工，包括巴西里約奧運。

我認為現在年輕人需具備三個歷練：第一是在中國大陸工作、求學或實習，第二是在世界的類似經驗，第三是從事過冒險犯難、創新創業的事情。這個年輕人不到 30 歲，卻都已經做到。

台灣有很多這樣的人才，如「通靈少女」的導演和羽球的戴資穎，重點是要找到國際舞台。我們要多向外看，不要向內看；要向前看，不要向後看；要向大處看，不要向小處看。

郭台銘學最大的意義在於它是可以被複製的。
Think big and unleash yourself，你會是下一個郭台銘。

4.6
郭台銘到美國投資，
為什麼張忠謀卻想留在台灣？

◆

———— 2017.08.07 ————

迫使台積電出走的理由，

只有台灣自己不爭氣，

但這個機率最近越來越高，

一連串限電危機就是警訊。

◆

外國的月亮比較圓，這個道理絕對正確。

最近郭台銘宣布，赴美威斯康辛州投資 100 億美元，打造以電視面板為主的智慧園區，轟動全世界。

台灣有人叫好，也有人酸郭董，但郭台銘表示「市場就是我的祖國」、「別忘了我在那裡繳稅」、「政治要為經濟服務」。

在此同時，台積電張忠謀董事長明確表示，台積電投資地點首選是台灣，願望也是根留台灣，感謝政府以「洪荒之力」讓台積電留在台灣。

看了這個比較，你有何感想？是否代表張忠謀比郭台銘愛國？荒謬的是，郭董是台灣人，而張董是美國人。

大家都只將焦點放在鴻海的出走，卻沒有人好好研究台積電為何想留在台灣？

有一個道理是不變的，好企業唯有在海外才更能體現自己的「相對價值」。川普盛讚郭台銘是全世界最成功的商人之一，Foxconn 是世界上偉大的企業之一，但台灣人有這樣的感覺嗎？如果要投票，認為林子偉（編按：大聯盟紅襪隊球員）是「台灣之光」的人說不定還超過郭董。

換個角度看，如果台積電赴美投資 100 億美元，張忠謀能得到川普如此熱情的擁抱嗎？大概不會，他是美國人，台積電從股權來看是一家美國公司，美國人回美國投資是應該的。

台積電唯有待在台灣（美國的海外），才能擁有像神一般的地位，被人捧得高高的。雖然台積電的市值已超越同業英特爾，但如果你問美國人，他們一定覺得 Intel 比較偉大，乃真正的美國之光，TSMC is secondary，張忠謀為什麼要跑到美國去把自己矮化？

另外一個原因是，台積電所從事的是先進製造業（advanced manufacturing），美國缺乏這種行業，你不能叫裝配汽車的工人去從事晶圓代工。這次電視上訪問了一個威州工人，他是做地板的，他說我不懂面板，但可以幫面板廠鋪地板。

從這個角度來看，台積電的員工有極高附加價值，既要動腦也要會動手，這是台灣引以為傲的獨特競爭優勢。老美雖可訓練這樣的人才，但需要時間，且成本太高。

話說回來，郭董赴美投資 8K 電視面板廠，一樣屬於最尖端的製造，結合 AI 和機器人，美國威州並無充裕工程師，為什麼郭董敢去投資，但張董卻不願意？這可能有政治考量，也牽涉到企業家的商業判斷。

今年稍早，郭董競標日本東芝記憶體，邀請蘋果和亞馬遜參加，強打美國牌，並強調若得標將在美國設立記憶體製造基地。另外，三星也在大陸西安投資 75 億美元，從事最先進記憶體生產。由此可知，沒有相關人才並不構成企業投資與否的理由。

第三個因素是法令規定。美國是全球法規最繁瑣的地區，企業有很多公開披露要求，必須要很透明。台積電雖也在美國掛牌上市，但一定還有很多信息未披露，如果台積電赴美設廠，可能會導致自己的 IP 外流。

張忠謀董事長表示，赴美投資的企業並不是很多，此言差矣！台灣前 10 大企業中，台塑三寶和鴻海都出走，連中油也在評估赴美投資。鋼鐵的義聯、石化的遠東集團都考慮跟進，連服務業 85 度 C 也計畫擴大美國投資（商周 1550 期）。換言之，各行業龍頭都到齊了，這還不夠嗎？

台積電並不想去美國，迫使台積電出走的理由，只有台灣自己不爭氣，但這個機率最近越來越高，一連串限電危機就是警訊。

台灣政府肯定急了，強調要改善投資環境，最近行政院長表示要縮短環評時間，不會再出現 6 年不過的環評案。今年郭台銘赴廣州和威斯康辛各投資百億美元，都在半年內搞定，台灣這種行政效率，企業不出走才怪！

全世界的政府都在努力做一件事，拼命把外國企業引到自己國家來。你看電視上川普有多驕傲，宣稱若不是他郭董不會去美國，這就是「政治為經濟服務」。聯合報社論提出寧可「商人無祖國」、切勿「祖國無商人」，也是這個道理。

威州為了吸引郭董投資，費盡苦心：第一、提供 15 年 30 億美元租稅獎勵；第二、斥資 2.52 億美元為鴻海興建一條公路；第三、大幅放鬆環保規定，免環評報告，州議會為此專門開會。

以前我們覺得這種事只有中國才幹得出來，是標準的社會主義經濟模式，沒想到在資本主義國度裡更徹底。小英強調公平與分配，結果只造就了台灣的均貧。

鴻海美國效應已開始發酵，俄亥俄州有樣學樣，上周緊急授權市政府運用租稅獎勵措施招商，據報導鴻海正考慮在俄州設立電視組裝廠。

郭董的企圖心還不只於此，上周他與威州農會簽署意向書，協助威州花旗蔘農，將農產品行銷世界，儼然成為新的救世主，難怪他告訴川普其美國投資計畫將高達 300 億美元！

郭董不需競選台灣總統，這是 downgrade，他已成為世界級領袖人物，他應支持其他人角逐政治席位，而這些人均支持他「政治為經濟服務」的理念。這不是為企業而是為產業，不是為個人而是為台灣，「郭潮流」可以形成一股比「新潮流」更具影響力的勢力！

綜觀郭台銘過去一年所做的事情，皆與「生態系」有關，光靠他一個人不一定能拯救台灣，如同川普亦無法阻止美國沉淪，但他已和全世界最有影響力的人物綁在一起，形成超級生態系。郭董可考慮運用其影響力，扭轉台灣的命運。

改變台灣的未來，不只要換人，還要改變生態。

4.7
上酒店遇到「淪落風塵的美女」，一個生意人：
台灣人就像她，被環境逼到賤價出售

◆

———————— 2017.10.02 ————————

今天很多台灣個人和企業，

就像不幸淪落風塵的美女，大陸有不少人，

一眼就看出了 fallen angel 的價值。

◆

機艙門打開，一位工作人員在門口推著輪椅，我倒抽一口氣，拄著拐杖慢慢前進。最近扭傷了腳，行動不便，但由於公務，還是安排了這個北京行程。

我來去中國 20 多年，從來不覺得有什麼畏懼。但這是第一次以傷患的身分造訪，坐在輪椅上被人推著，感到有點力不從心。

行政院長賴清德上周在立法院答詢表示台灣已是主權獨立國家，名字叫做中華民國。大陸國台辦發言人立即回應，

台灣作為中國領土不可分割的一部分，從來就不是一個國家，也永遠不可能成為一個國家。

中國大陸十九大即將召開，賴揆在這個時間點「踩紅線」，非常不妥當。領導人最重要的就是判斷力，一個錯誤的決策會導致災難性的後果。

以賴揆和柯P作比較，賴揆在許多地方執行力都比柯P強，但卻把最重要的事搞砸了；柯P正好相反，抓住了最關鍵的重點。台灣未來命運已非我們單方所能掌握，因此行政首長不能只看「台灣的台灣」，更需考量「兩岸的台灣」和「世界的台灣」。

賴揆說，不管「從哪個角度看」，「台灣」都是一個主權獨立的國家。這話頗有爭議，因為從中國的角度看就不是。賴揆逞口舌之快，挑釁中國，但接下來倒楣的是台灣人民，大陸一定會有所動作。

許多敏感的字眼，最近被大聲喊出來，如「台獨」和「武統」。台灣人如果不能期待「維持現況」，未來可能被迫接受「和平統一」。

賴揆宣稱「親中愛台」，已無可能。以「台獨」為前提，不啻和中國全面宣戰。

上周賴揆召開「加速投資台灣」會議，難道賴揆不了解兩岸關係不穩定，也是影響投資台灣的原因之一？

我這次和一位大陸企業領導交流，他明確表示在兩岸關係改善前，不會投資台灣。但另一方面，他卻表態非常歡迎台灣將技術引進大陸。

大陸看上台灣的「輕資產」，也就是人才和技術，但對台灣的「重資產」毫無興趣。政府強力阻擋陸資進入台灣，其實並無必要。

除了政治以外，台灣市場太小也是問題。大陸企業告訴我，許多歐洲公司爭先恐後想賣給他們，為的就是龐大的中國市場；台灣把大陸當成敵人，只能等著被世界淘汰。最近大陸基金想買美國 IC 公司萊迪思，被川普否決，但馬上改買一家英國晶片公司。

不管個人或企業資質有多好，兩岸關係不佳，台灣環境絕對不會好，價值也難以體現。

20 年前，越南人搶著移民台灣，今天，台灣人爭先恐後赴越南淘金，「四小龍」被「新蛟龍」取代，就是一個價值轉移的例子。

上周英國金融時報公布一份調查，比較兩岸三地 MBA 起薪。大陸第一名為長江商學院，達 13.2 萬美元；香港最高是香港科大，為 11.3 萬美元；台灣居首的交通大學，只有 6.1

萬美元。大陸平均水平是台灣的 2 倍,為什麼我們那麼 cheap ?這是台灣整體的問題。

宏達電手機研發部門為什麼不能賣到更高價?因為只有個人價值、缺乏整體價值。整體價值需要靠市場環境、產業前景或商業模式才能產生。

若沒有整體前景,企業只能以資產價值出售,人才也是一種資產,但無法用「本益比」賣商業價值,更遑論創新企業才有的「本夢比」。

站在投資觀點,有一種標的很受投資人青睞,叫做 "fallen angel"(墜落的天使),代表原來很好的企業,因為外在原因,導致價格突然大跌。這種公司是非常值得投資的。

我年輕的時候招待客戶,會涉足一些聲色場所。通常在這些地方上班的小姐都差不多,風塵味很濃,但偶爾有氣質出眾的例外,我禁不住會問她們:「像妳這麼好的女孩怎麼會到這裡上班?」原因當然是遭遇了一些困難。今天很多台灣個人和企業,就像不幸淪落風塵的美女,大陸有不少人,一眼就看出了 fallen angel 的價值。

假如你有一身專業,但卻因種種原因,得不到市場肯定,只能廉價出售產品或服務,你一定會非常沮喪,這正是今天台灣的處境。想要在更大的舞台一展身手、彰顯專業的價值,是許多台灣人的心聲。

這是為什麼有許多年輕人及中年人，離鄉背井，前仆後繼前往中國，賺他們人生第一桶金或最後一桶金。

現在是中國賺錢的黃金時機，和我見面的領導說：「人傻、錢多、趕緊來」，意思是只要你有好項目，一定可以設計出方案，很容易募資。我們見面當天，他正在談一個百億項目，晚上又要飛到另一個城市。

天下雜誌近期出了一個「35 世代」專輯，追蹤 5 位 30 至40 歲的人，從 1996 年到 2016 年間的經歷，可以看得出來他們人生的起伏，他們都分別活出精采的人生，但沒有一人和中國有連結，I wonder why。專輯副標題為「海闊天空」，有點諷刺。

我 1994 年 30 出頭的時候去中國工作，改變了我的一生。我從來沒有想在中國定居，但是這段經歷創造了無比的價值。

最近遇見一些令人驚奇的長輩，他們都曾在大陸賺到錢，現已回到台灣，但仍沒有退休打算。一位年近 70 的企業家告訴我，他想做到 80 歲；另外一位 70 多歲的董事長，請我幫他募資，希望以 10 年時間，用新的 business model 再創事業高峰。

看著他們的衝勁，我不禁想起我的愛犬。牠是一隻老狗，每次跑步的時候，毛和耳朵會飛起來，吐著舌頭，快樂的不得了。

Run, Taiwan run. Long may you run!

4.8

張忠謀最偉大的成就，是打造台積電團隊！ 「時勢造英雄」中國公司的最大弱點， 給台灣的啟示

◆

———————— 2018.10.08 ————————

科技脫離不了管理。張忠謀最偉大的成就不在於

其個人，而是他打造的台積電團隊。

◆

上個世紀美國最傑出的 CEO 是奇異（GE）的威爾許（Jack Welch），曾獲選為「CEO of the Century」，GE 也是百年老店，成立於 1879 年，橫跨三個世紀。

上周 GE 宣布撤換接任執行長僅一年多的 John Flannery，震驚市場，不過股價隨即大漲。GE 過去幾年市值從近 6,000 億美元跌到現在 1,100 億美元，而且 6 月剛被踢出道瓊成分指數，搖搖欲墜，令人不勝唏噓。

假如我們要選一家美國「傳統經濟」表現最令人失望的公司，GE 當之無愧。這值得我們反省與深思，證明沒有永遠

不墜的明星，即使第一名也可能從雲端跌落谷底。我不知道是否有一天台積電會淪落到 GE 的局面？

美國電商龍頭亞馬遜執行長貝佐斯創立的火箭公司 Blue Origin，上周贏得美國政府承包商聯合發射聯盟（ULA）最新火箭的引擎大單。

貝佐斯在 2000 年創立 Blue Origin，也是貝佐斯繼亞馬遜之後，另一個全力發展的事業，ULA 為美國第 2 大國防承包商波音以及洛克希德馬丁合資的公司，主要承包美國政府發射衛星。ULA 打敗競爭對手，也是特斯拉執行長馬斯克的火箭公司 SpaceX。

亞馬遜近期股價繼蘋果之後，突破 1 兆美元，貝佐斯成為全世界最有錢的人。亞馬遜最近不斷跨入新的領域，如果要選美國最佳的「新經濟」公司，亞馬遜當之無愧。

我很佩服貝佐斯，他工作極有效率，每天睡足 8 小時，曾提出「2 個披薩」理論，意即一群人開會，必須能用 2 片披薩餵飽，藉以控制人數。

最近美國證管會計劃起訴特斯拉 CEO 馬斯克，因為先前他槓上媒體，表示要把公司下市，並宣稱已找到金主，後來又放棄計劃，結果只是隨便放風聲，卻把股價搞得上下震盪，投資人損失慘重。眼見苗頭不對，馬斯克只好辭掉董事長職位，趕快達成和解。

假如要選表現最差的美國「新經濟」股票，我會投給特斯拉。

除了特斯拉以外，矽谷最近還發生一個醫療超完美騙局。一個我母校 Stanford 的女生登上版面，她 19 歲從 Stanford 輟學，創立血液檢測公司 Theranos，被譽為女版賈伯斯，募集了 7 億美元的資金，市值一度高達 90 億美元，但最後被檢舉是騙局。

有一本根據她故事的新書「惡血」（Bad Blood），非常精彩，即將拍成電影，由影后珍妮佛・勞倫斯主演。這個新創公司成功騙了許多名人投資，就像馬多夫吸金事件一樣，我想 Theranos 可當選美國新經濟第二差的公司。

如果我們用同樣方法，來檢視中國的企業，會發現有趣的對比。

中國電商龍頭阿里巴巴創辦人馬雲，不久前宣布退休，將於明年 9 月交棒，達成完美的交班。這件事情意義非凡，因為阿里是中國新經濟典範，也是中國明日企業標竿，但馬雲不僅辭掉主席，而且放棄核心控制權，將交給一個 5 人小組。

消息公布後，阿里巴巴股價非但沒有動搖，反而得到全球投資人一致肯定。馬雲做了公司治理的最佳示範，這不是一個衝動的決定，而是歷經 2 年審慎思考的結果。馬雲創業初期即有 18 人核心團隊，上市時團隊持股綁在一起，多年來馬雲一直照顧團隊而非其個人利益。

馬雲引領了許多前瞻概念，比如說他提出「新零售」，現已被公認為零售業未來趨勢。他打造的螞蟻金服改變了傳統金融的面貌。最近他又提出製造業將會被 AI 改成服務業，大部分人工可被取代。

如果要選一家最佳的中國新經濟概念股，我想全世界投資人會毫不猶疑投給阿里巴巴，而且馬雲也一定是公認最佳領導人。

很不幸，中國新經濟最差公司代表，是在電商領域僅次於阿里的京東。京東創辦人劉強東近期和老婆赴美，卻傳出性侵女大學生的羅生門事件，被美國警方逮捕。雖然最後得以釋放，但是劉搞得灰頭土臉，官司仍未了結。京東股價從年初最高 744 億美元，掉到現在 360 億美元，跌了 51.5%。

馬雲證明阿里有一個完整團隊，沒有他公司依然強大，但京東卻突顯劉強東一人領導的窘境。京東的策略股東騰訊，最近亦股價大跌，其創辦人馬化騰個人對公司影響也非常深。

許多中國公司雖大，只是時勢造英雄，假若沒有制度，一出事很容易就垮。

另外一家出問題的中國新創企業是滴滴出行，這家企業為中國叫車行業的龍頭，成長飛速，乃分別由阿里和騰訊投資的公司合併而成，並有蘋果及日本軟銀策略性入股。

原先該公司估值高達 6–700 億美元，即將申請上市，但是最近卻接連發生兩件強姦殺人案件，徹底瓦解形象，主觀機關介入調查，導致信用破產，IPO 也只好喊停。滴滴有資格被選為中國新經濟第二差的代表性企業。

所有以上事件，都發生在過去兩個月內，給我們上了寶貴的一課。我們有什麼啟發？

首先，新經濟並非無所不能。泡沫已經破滅了，就像 2000 年時的互聯網泡沫，興奮過後需要冷靜的反省，找出方向和解決之道。

其次，科技脫離不了管理。管理不是個人秀，而是要讓團隊發揮。張忠謀最偉大的成就不在於其個人，而是他打造的台積電團隊。

最後，人工智慧（AI）還是要受到人類智慧（HI）的制約。未來是人機互動的時代，自駕車撞死人是誰的錯？共享車司機殺人是誰的責任？法律應如何鼓勵卻不放任創新？

台灣的新經濟沒有贏家，政府和民眾都是輸家，只能當個旁觀者。

4.9
當台灣政治還在瘋「韓流」，全球經濟寒流卻正要來襲！老總給台灣經濟的 2 個解方

◆

———————— 2018.11.19 ————————

台灣未來應該怎麼走？不單是「西進」或「南進」，

也不是「非洲模式」或「印度模式」，

我覺得最重要的是「上進」和「流進」。

◆

打開電視，天天都是「韓流」，台灣人民渴望改變的熱情實在驚人。

拉回現實，全球經濟的寒流，正要席捲台灣，最主要的理由來自蘋果。根據報導，蘋果最新的高價手機賣得一塌糊塗，蘋果股價大跌，也開始向供應鏈砍單。

這和台灣有什麼關係？因為整個台灣的經濟結構，主要是依賴出口，又以電子業為重，而電子業唯蘋果馬首是瞻。從台積電、鴻海到大立光，每一個都是抱緊蘋果大腿，我們能想像沒有蘋果的日子嗎？

蘋果股價今年初曾達到 1.13 兆美元，傲視全球上市公司，如今只剩 8 千多億美元，從高點回檔達 20%。蘋果最重要的策略夥伴鴻海，股價也創近期新低。

簡單地說，有將近 30 年的時間，從 1988 年到現在，台灣經濟發展走的是「美國模式」，我們勤奮地生產代工，供給美國的大廠。

1994 年以後，另外一種模式興起，那就是「中國模式」，對台灣企業影響重大，其中又可以分為兩個階段，上半場叫做「世界工廠」，下半場則是「世界市場」。世界工廠的模式是美國接單、中國生產製造，其中的佼佼者就是鴻海。「世界市場」其實代表「中國市場」，其中的代表廠商是康師傅。

台灣今天經濟的問題，在於傳統的「美國模式」已走到轉折點，未來不可能再成長，而「中國模式」又因兩岸關係陷入僵局。

台灣的反應是什麼？不在乎，我們可以走「台灣模式」或「南向模式」，這就是過去幾年的政策。我們的政府，基本上完全漠視國際經貿趨勢，ECFA、服貿、貨貿，通通無法落實。所有的區域經貿組織，如東南亞國家協會（10+3），台灣均被排除在外；全球性的聯盟如 TPP（跨太平洋夥伴關係）和 RCEP（區域全面經濟夥伴關係協定），那更不用說了。

台灣不僅被排除在各種國際組織之外，更糟糕的是兩岸關係急轉直下，其影響所及是陸企不再來台投資，陸客減少來台觀光，陸生數量急遽下滑，陸配受到歧視，兩岸政府機構交流停滯，還有陸方對台灣貨品（特別是農產品）的採購也大幅度減少。

可怕的是，我們一直覺得這沒有關係。政府推動成效不彰的對策，藍綠繼續惡鬥，台灣的企業和年輕人加速出走，台灣被逼到越來越窄的困境中，台灣人民的荷包嚴重縮水。可是政府依然無動於衷，沒有關係，直到我們變成被溫水煮熟的青蛙。

「韓國瑜效應」代表的是人民終於再也不能忍受了，所有積壓的情緒像山洪一樣在一剎那間爆發。韓的口號如「又老又窮」以及「北漂青年」完全說中了人民的心聲。意外的不是人民，而是藍綠政黨和政客。

時機對台灣來說糟糕透了，屋漏偏逢連夜雨，就在此時，中美開始貿易大戰，中國製造貨品被課以 25% 高關稅，台商所熟悉的「中國製造」完全喊停，廠商們焦急著尋找其他第三地替代方案。但除非台商原先已有全球布局，否則一時之間根本無處可去，只能任人宰割。

上周有媒體做了一個「非洲專題」，這是我第一次看到完整的台商非洲報導。另外印度最近也變成大熱門，不少台商在

探討到那裡做生意的可能性。問題是非洲基本上已是中國的地盤，或許有些許台灣年輕人可以到那邊闖出名堂，但台商很難。至於印度，根本不是台灣人的菜，我有一個客戶，全球其他地方都做得不錯，唯獨在印度大虧。

但無論如何，台商有勇氣跑到這些地方，我還是給予高度肯定，總比把東南亞勞工引進台灣從事低端生產製造要更好。

只有少數台商抓對重點。最近台灣水泥宣布進軍土耳其市場，和當地最大水泥公司合資成立新公司，投資金額高達 11 億美元，之前台泥的海外布局全在中國。這個案子讓人大開眼界，那麼老、那麼傳統的企業，卻有那麼先進、完整的新興市場布局。

台灣未來應該怎麼走？不單是「西進」或「南進」，也不是「非洲模式」或「印度模式」，我覺得最重要的是「上進」和「流進」。

什麼叫上進？也就是往「智慧化」和「世界級」發展，用創新模式創造高附加價值，像台積電一樣，不要只做一個「me too」。

在台積電之前，台灣其實也有世界級的企業，如台塑和中鋼。中鋼特別值得學習，當年在趙耀東先生帶領下，於高雄打造了效率名列前茅的世界一流大鋼廠，當時台灣最聰

明的人才都匯集在中鋼，連上海寶鋼也向中鋼取經。那時的高雄，多麼令人驕傲和懷念！

短期內，台灣最佳的發展戰略是「流進」，也就是像水一樣，流進流出，經濟學上叫做「人流、物流、金流、資訊流」，韓國瑜用更簡單的方式表述：「貨賣得出去，人進得來，高雄發大財」。

最近美國政府宣稱，台灣和美國有共同的「民主價值」，這是不爭的事實，但這是「政治價值」。高雄選情所反映出來的訊息是，「經濟價值」遠比「政治價值」更重要，印證美國前總統柯林頓在 1992 年競選時的名言：「笨蛋！問題在於經濟」。

如果我們把這句話進一步延伸，可以改成：「笨蛋！問題在於兩岸」。今天不需要政治人物，不需要兩黨，我相信大部分台灣民眾都已明白這才是真正關鍵，因此台灣的政治版圖勢必會起根本性的變化。

11/24，這將是決定台灣未來命運的分水嶺！

4.10
華為主宰 5G 標準，變川普眼中釘 … 任正非跟張忠謀的「共同點」，給台灣產業的啟示

◆

2018.12.10

台灣產業的夢想簡單地說，就是幫歐美大廠代工。

◆

台灣裕隆集團董事長嚴凱泰因罹患食道癌，日前不幸驟逝，年僅 54 歲，令人感到不捨與人生無常。在所有相關文章中，蘋果日報社論的標題「向一位追夢者致敬」引起了我的注意。

特別打動我的是「追夢者」這幾個字，台灣今天為夢想而活的企業家已經不多，有的人為賺錢而打拚，有的人會生存而掙扎，但究竟有誰是為了夢想、特別是遠大的願景而活？

今天全球偉大的企業家（或者應該說領袖）幾乎都有超乎常人的前瞻思維和宏偉願景，包括特斯拉的馬斯克、亞馬遜的貝佐斯、日本的孫正義、中國的馬雲以及已過世的賈伯斯。

夢想與願景是偉大領袖的必要條件，若沒有這個特質只能算是平凡的企業家。

從這個觀點來看嚴凱泰壯志未酬是全體台灣人的損失，也是我們需要檢討的地方。其實他的夢想並不是什麼超級偉大的理想，只是要讓台灣有自主的汽車品牌，而且能在中國發揚光大。他已跨出了第一步，但仍然走得很辛苦。

我對於任何企圖走向世界的台灣品牌，如 Acer、Asus 和 hTC，都保有高度敬意，這是要砸大錢長期經營的，雖然有些企業近年命運坎坷。我坐納智捷的車子已有 8 年，明年要再換一部新車也還是納智捷。

30 年前，台灣有三家汽車製造商：裕隆、羽田和三富，如今只剩下裕隆一家在苦撐。接近 30 年前，台灣就開始發展航太工業，也就是漢翔的前身。但根據「2018 航太製造業評比報告」，台灣評比只有 27 名，甚至不如馬來西亞的 25 名。

為什麼會這樣？是我們的市場不夠大？技術不夠好？消費者過於崇洋？還是政府政策沒有到位？很多原因，只能令人仰天長嘆，恨英雄氣短。

中國以前也沒有自主汽車工業，但同樣出現了本土的「追夢者」，即浙江吉利的李書福和比亞迪的王傳福，如今都已各稱霸一方。比亞迪囊括倫敦一半電動巴士市場，吉利收購了

瑞典 Volvo，今年又買下了賓士母公司 10% 股權，斥資 90 億歐元，成為第一大股東。

台灣產業的夢想簡單地說，就是幫歐美大廠代工。當蘋果從神壇上走下，就是台灣廠商的夢醒時分。台灣真正有卓越創意並且成功將其實現的企業家，只有張忠謀一人。他在 30 年前提出「晶圓代工」這個創新概念，當時歐美大廠不屑一顧，如今台積電已超越英特爾，成為全球半導體產業的龍頭。

中國也有一位像張忠謀這樣實現夢想的企業家，那就是華為的任正非。他從 1987 年到現在，將華為從深圳一家小型電信設備供應商，打造成今天營業額高達 7,000 億人民幣的企業集團，超越歐美廠商，成為世界第一，並且主宰全球 5G 標準，比高通還要厲害。

也正因為如此，華為成為川普的眼中釘。上週任正非女兒在加拿大過境時，遭到居留，原因是美國政府希望引渡她，表面理由是中國未配合制裁伊朗，實質上是為了進一步打擊「中國製造 2025」，降緩中國科技追上美國的速度。

美國一向強調「美國夢」，每個人都可以白手起家爬到頂峰。但是當美光開始控告聯電、要求賠償 6,000 億新台幣，以及美國政府動用外交關係逮捕華為創辦人的家人時，代表真正的美國精神早已名存實亡。中國日漸強大是美國無法忍受的，於是他們用一切手段阻止，甚至使出近乎流氓的行徑。這是一種商業策略， but it's dirty ！

夢想不僅是成功企業家的特質，更是優秀政治領導人的必要條件。今年市長當選人中，唯一的「追夢者」就是韓國瑜，他不僅自己有夢想，更把所有高雄人和台灣人都變成了追夢者，和他一起追求更美好的明天。高雄 500 萬人口、愛情摩天輪、太平島挖石油，這些並非笑話，而是代表了對未來的想像和憧憬。

台灣需要想像力。比較柯 P 和網紅在一起跳舞搞笑，相對韓國瑜描述高雄成為全台首富的願景，哪一個更振奮人心？悲哀的是，年輕的知識分子執迷於網紅，但看見未來希望的卻是各類農、漁、工、商社會底層人士，請問誰能帶領台灣走向未來？這是追星和追夢的差別。

中國這幾年全球地位崛起，不可否認習近平是一位偉大的「追夢者」，不論是在南方推出「粵港澳大灣區」、在北京旁邊打造一座新的明日都市雄安、把海南島規畫成自由港以及中國的杜拜，以及走向全球的「一帶一路」和「中國製造2025」戰略，都有偉大的格局及翻轉性的影響。

美國新經濟有很多代表性企業，如 Uber 和 Airbnb，均創造了夢想商業模式，但我認為當今最偉大且最有實踐力的追夢者是日本軟銀的孫正義。他去年募集高達 1,000 億美元的「軟銀願景基金」，積極投資全球新創生態系，成為許多新經濟龍頭的第一大股東，如 Uber 和 Didi，最近又重押 30 億美元於新創共享空間 WeWork，看來立志要成為全球創新的霸主。

中美已經正式撕破臉，台灣政治上擁抱美國，經濟上依賴中國，非常需要新的兩岸論述，這不是「中國夢」，而是「中華夢」。11/24的選舉人民已做出了選擇，但那只是1.0階段，還有 2.0 和 3.0 的進程，我們需要大膽想像、共同追求並且努力實踐。

台灣的未來不是靠一個人改變，而是靠一群人，你與我，我們。

讓我們從「追夢者」（dream seeker）變成「織夢者」（dream weaver），最後進化為「造夢者」（dream maker）！

台灣因夢想而偉大。
Show me heaven, and make me great.

05

—

伍。

面對廣大未知
未來的年輕人

5.1
留下來沒價值，去中國才發光發熱！
老總：我所看到在陸企工作的台灣年輕人

◆

台灣可以是開放之島，

也可以是『關押所有台灣人的牢籠』」。

◆

剛進會議室，她友善地叫我的英文名字，我大吃一驚。

這裡是北京，我陪客戶來一家著名的大陸企業開會，這個年輕的女孩是其中一位經理。

在中國大陸很少人會用英文互稱，除非是外商，糟糕的是我把她給忘了，連上次開會情況都記不得，實在很不禮貌。

開會時由於我不是主角，於是趕快用手機搜尋一下她的資料，找了很久終於找到。她是台灣人，學經歷都很優秀，我偷偷的望了一眼她專注的眼神。

自始至終我們都沒有再講話，但她令我難忘，我沒有料到台灣人會加入一家世界級的大陸企業。

隔天我拜訪一家著名的大陸國企，去年我在那兒遇到一位年輕人，他是美籍台灣人，擔任特別助理，這次沒有看到，他們告訴我他已離職了，開了一家咖啡廳。

兩天後我到深圳，發生了一件有趣的事。

一大早我下樓用早餐，在酒店電梯裡碰到幾個西裝筆挺的年輕人，聽他們交談的口音應該來自台灣。

「你先去 check-out，我在會議廳那裡等你們。」

我是一個工作狂，但當時時間是早上七點一刻，這些人也未免太拚了吧，我不禁好奇這是哪家鐵血外商公司。

吃完早餐我特別去會議樓層查了一下，原來是一家台灣銀行，到這裡來舉辦分行開幕儀式。

當天下午我趕到香港，和一位台灣朋友見面，他年齡不大，但經驗豐富，在一家大陸金融機構服務，負責商品銷售，我問他台灣和大陸客戶的比例。

「99% 都是大陸客人，台灣市場太小了，我們還在評估是否要進入台灣市場。」

這一趟走下來，我有很多感觸。我跑大陸已有 20 多年，現在的大陸台灣人和以往差別很大。

以前都是台商，大部分為中小企業，屬於勞力密集性質，負責人水平較低，自成一個小圈圈。

但現在有很多年輕的台灣人，在各類型的大陸企業服務，數目遠超出你的想像，有幾大特色：

第一、他們是菁英中的菁英。在充滿狼性的大陸企業，沒有兩把刷子，早就被幹掉了。

第二、他們被選中不是因為台灣價值，而是和國際接軌能力強。

第三、他們為大陸客戶、而非台灣客戶服務。

台商這個名詞已過時，未來是新台灣人的時代，台客、台青，whatever you call it。

不要以為他們過得很好，其實很辛苦。在浩瀚的大海中，他們正努力地向前游，但如果你要給他們選擇，他們會告訴你寧為牛後、不為雞首，台灣沒有機會和希望。

我不禁想起 20 多年前在大陸工作的我，非常努力不去突顯我是台灣人的事實，就像現在我遇到的這些年輕人。來自哪

裡並不重要，能力才是關鍵。但話說回來，台灣價值又有什麼值得驕傲？

一個月前我和一位來台的大陸醫院院長吃飯，他對台灣醫院管理推崇備至。他說他們有很多家醫院，只要管理上有改善，整體品牌形象就會出來。他不會挖角台灣人當主管，台灣人技術強，但不了解市場，需要像他這樣的人來扮演橋樑。

台灣價值是什麼？留在台灣是無法發揚光大的，不管是半導體、醫療或文創。我們沒有把專業價值轉化為商業價值，再提升為企業和產業價值，結果是台灣人在大陸只剩下打工價值，而且也不長久。

越來越多的台灣人了解必須要改變。反對服貿的郝明義先生最近出了一本書《大航海時代》，描述兩岸應較勁而合作，不能不接觸中國大陸，但也不能只接觸中國大陸，還應瞄準更大的世界市場。

央行總裁彭淮南表示台灣真正的問題，在於參與區域經濟整合太落後。柯文哲上週訪問舊金山，提出舊金山作為美國創新最多的地方，是因為有創新、容忍的文化，台灣有這種文化嗎？

現在社會焦點集中在轉型正義和清算國民黨黨產，國民黨已瀕臨瓦解，我們為何不多關注「民共」該如何交流？

大陸媒體點評「台灣經濟除了與大陸高度融合外沒有出路，連美國都與大陸形成『你中有我我中有你』之勢；台灣可以是開放之島，也可以是『關押所有台灣人的牢籠』」。

不像台灣，中國大陸正展現前所未有的自信，向世界輸出「中國價值」，從一帶一路到亞投行。迪士尼上海即將開幕，但大陸首富王健林已到歐洲大手筆興建主題樂園。今年農曆新年大陸本土電影創造票房紀錄，橫掃所有西片。

中國價值均以全世界和未來為市場，跨地域、跨領域、跨時代。這次我在深圳下了飛機，就為機場幾幅廣告所震撼：阿里雲的 slogan 叫做「為了無法計算的價值」，提到交通，過年返鄉，阿里以大數據解決擁塞問題，讓家人團聚。

華為的 slogan 是「不在非戰略機會點上，消耗戰略競爭的力量」（對台灣人很有啟發），這是創辦人任正非的話，強調「厚積薄發」，著眼未來 5 至 10 年的戰略構建，不會只考慮現階段，打好基礎進行戰略突破，台灣只有台積電有這種格局。

台灣的未來必須和世界連結。蔡英文上週參加電子商務協會大會，表示希望與大陸業者互惠發展，讓台灣電商服務在世界暢行無阻。如果電商能連，高鐵為何不行？

阿里巴巴與台灣廠商簽約,將發表「外貿生態圈」,協助台灣中小企業走向世界。面對現實吧!我們早已融入大陸電商生態體系中了。

午夜夢迴,我不禁想起一張張在大陸企業奮戰打世界盃的台灣人的臉龐。

The Future is Now. Very Global.
Very China. Very Taiwan.

5.2
郭台銘喊「鴻海股價沒 200 元不退休」，
這就是台灣年輕人難出頭的原因

◆

2016.06.27

台灣人的命運很像猶太人，非常有創新能力，

但沒有創業和投資環境，

只能到別人的土地上發揚光大。

◆

幾周前我在廈門參加海峽論壇，非常訝異，因為活動的性質及型式和前幾年完全不一樣。

過去活動主要是大企業間的交流，但今年焦點轉到青年身上。大陸政協主席俞正聲在大會主場致詞，強調兩岸和平發展需要年輕人發力，還特別和廈門當地創業台青進行小型座談，這在過去是難以想像的事情，以往只有大老闆才見得到俞正聲，而且還要排隊。

大陸國台辦主任張志軍表示，青年是兩岸的未來，是推動兩岸關係發展的生力軍，也將是未來對台政策重要一環。他強調，大陸對台青年政策，一定會做到讓台灣青年更有感。

太陽花學運，改變了兩岸的關係。大陸痛定思痛，將未來對台工作重點轉到「三中一青」上面，看來的確在朝此方向推進。

兩岸都在努力爭取年輕人的心。蔡英文 520 就職演說，提到「為年輕人打造一個更好的國度」，雖然現在沒法幫所有年輕人加薪，但承諾會改變年輕人處境；新上任的中研院院長也強調要帶給年輕人希望。

台灣的年輕人何其有幸，眾望所歸，我真的恨不得自己年輕 30 歲。

最近大陸國務院正式批准福州、廈門、泉州（福廈泉）國家自主創新示範區，目標是「打造連接海峽兩岸、具有較強產業競爭力和國際影響力的科技創新中心」，構建「閩台協同體系」，簡單來說就是要推動兩岸科技融合生態圈。

台灣不甘示弱，小英在桃園也搞了一個「亞洲矽谷」，為其五大政策之一，卻遭到社會各界打臉，因為缺乏人才、技術等配套，只是硬體投資，未來肯定失敗。

兩岸誰能夠吸引年輕人，重點在誰能創造更好的環境，打造完整的生態系統，增加創新創業的成功機會。坦白說，大陸這兩年成立太多創新園區和孵化器，有的也不成功，但在雙創政策強力支持下，還是不斷投入大量資源。

以學術資源來比較，台灣徹底輸了。根據剛公布的英國泰晤士報亞洲大學排名，大陸有北大（2）、清大（5），香港有2家在前10名，新加坡2家，南韓有3家，台大排名第15。

另一份QS排名，新加坡大學亞洲排名第一，香港在前10名中有4家、大陸2家、韓國2家，台大只有21名。

台灣的問題在於學校資金不足，遠遠落後大陸及其他國家，且缺乏國際視野，如果你是優秀的學生，最好去國外念書。

以薪水來說，大陸一流企業也超過台灣水平。華為年薪百萬人民幣者有上萬人，五百萬以上達上千人。

假如你想創業，有兩種選擇：跟阿里創業基金或台灣金管會正在籌備的「天使基金」拿錢。阿里只有一個條件：創業項目必須和阿里生態系接軌。換作是我一定選擇阿里，因為關鍵不在於資金，而是可以和生態圈所有資源連結，成功機會高。

以創業成功機會分析，大陸相對較佳。這次我在廈門，碰到幾家台青的公司，短短一、二年，估值都已上億人民幣，因為市場大、資金多，錢追逐創意，而非反其道而行。

生態系統是成功關鍵。阿里生態系是一個小宇宙，有成千上萬家公司；深圳有 300 家無人機公司，另外大陸 VR、電動車也都已形成完整生態圈。「互聯網 +」最大成就是創造了各行各業的新商業模式，比如說「互聯網 + 教育」，帶給年輕人許多創業商機。

以年輕人出頭的機會來看，也是大陸較好。馬雲已退休交棒，郭台銘剛喊話鴻海股價沒 200 元不退休，張忠謀雖已84 歲但很少人知道誰是他真正的接班人。上周軟銀孫正義因不願交棒，從 Google 挖來的副社長在接班無望後請辭，看來這是亞洲領導人的通病。

台灣能創新、有創意的人如過江之鯽，想創業的人也不少，但創業成功的人不多。每年全球發明展，金牌永遠是台灣人，結果呢？拿完獎牌就無聲無息，像創新墳場。政府與其在桃園推亞洲矽谷，不如設立一座發明博物館，展示歷來所有成果，讓全世界的金主前來考察，協助商業化運作，至少不會像煙火一樣放完就沒了。

我的大陸朋友說，台灣人的命運很像猶太人，非常有創新能力，但沒有創業和投資環境，只能到別人的土地上發揚光大。

小英搞「文化台獨」，積極去中國化。但年輕人可能不知道，文化才是當前最好的創業機會，科技、消費這些領域門檻太高，一般人玩不起。文化元素可以為很多產業加值，台灣仍有優勢，這正是大陸當前所需要的。

年輕人就算是天然獨，也應該敞開心胸去對岸走一走，體驗環境、感受觀點、尋找機會、提升價值。在大陸要賺錢有一條鐵律，就是要跟著政策走，當大陸中央下定決心扶植台灣年輕人，機會在哪裡很明顯。

我們必須了解一個事實，體現台灣價值、維護台灣尊嚴，和在大陸創業並不矛盾，反而有可能做得更好。

有幾種情形會發生：第一、大陸市場很好，你也成功了，選擇繼續待下去。第二、大陸不如預期，但你學到了寶貴的教訓。第三、大陸很好，但你還是願意回到台灣，因為你可以幫助台灣成長，而且這裡是你的家。

陸客人數少了，陸企採購農產品少了，陸資不來了，但這不代表兩岸從此就進入急凍期。

暖流依然存在，只是方向變了、對象改了，唯有年輕人才能享受這個果實。

Young man, wish you all the best.
Forever young.

5.3
越來越多年輕人赴陸工作，一個創投老總感慨：「台灣人」很有價值，「台灣」卻沒有

＊

—— 2016.09.05 ——

台灣人和台灣是兩個不同概念，

台灣人可能很有價值，但台灣卻沒有，

我們要如何打造台灣的新價值和定位？

＊

「黃總，可能因為您是台灣人，比較不了解大陸情況，我們國內的作法是這樣的，我來說明一下。」

我在北京一家國企開會，討論一個項目。雖然我跑大陸已有二十多年，但這幾年對許多狀況的掌握反而越來越差，主要原因是中國大陸發展太快，台灣傳統優勢不再，而我又沒有充分融入大陸的環境。

遊戲規則正在改變，全世界都需要重新認識中國大陸，從「世界工廠」到「世界市場」，從製造中心、消費中心到創

新中心。現在若沒有全球最好的技術或創意，在大陸很難引起注意。

今年上半年康師傅在大陸獲利重摔六成，跌到 22 億元台幣，反觀統一中控卻成長 12.9%，達 36.6 億元台幣，獲利首次超過康師傅。統一聚焦高端市場，方便麵多在人民幣 5 元以上，今年甚至有 29.9 元的產品，果汁類也有一款高達 19.9 元，頗獲消費者青睞。

這說明台商的成功關鍵是「價值創造」，低成本的時代已過去，製造和消費皆然，但只要能抓得住龐大的中產階級，前途依舊看好。食只是滿足溫飽，未來在醫療、美容、健康、娛樂都有許多商機。

然而大陸市場競爭激烈，超乎台灣人的想像。以手機為例，今年最大驚奇是華為大幅超越蘋果，而大陸本土品牌 Oppo 和 Vivo 也打敗小米，可見功能與設計並非絕對因素，性價比與接地氣都很重要。

既使台商努力打「世界盃」，也不一定能和中國大陸脫鉤。最近中國大陸網路電視龍頭樂視以 20 億美元，併購了台灣人在美國創立的 LCD 電視品牌 Vizio，該公司有鴻海參股，在美國市占率第一。

最近應邀到香港演講，探討台灣在全球大變局中的定位，聽眾提了兩個問題，都很有深度。

第一是為何台灣是世界與中國大陸間的橋梁？大陸需要台灣嗎？以我自己來說，我的工作就是跨境資源連結：世界技術、台灣管理、台灣創意、中國市場、中國加速、世界價值。我並不是唯一，許多外國公司（特別是日本）也以台灣作為跳板，未來由於生活環境更會如此。

全球最大旅外人士網站 InterNations 上周公布調查，台灣擊敗 66 國與城市，成為全球最宜居住地榜首。我們在生活品質與個人財務（成本）上，排名第一，香港與新加坡均不在前 10 名內，中國大陸只有 48 名。但台灣對外資招商在亞洲卻屬末段班，實應好好檢討。

那中國大陸為何需要台灣？大陸在全世界瘋狂併購，許多屬於科技及製造業，唯有好的管理人才，才能協助技術移轉與本土化，台灣人有一定優勢，雖然多半淪為打工價值。

第二個質疑是台灣是否應避開中國？一位基金經理表示台灣有不少企業和中國完全沒有關係，但表現反而相當優異。我相信真實情況的確是如此，但這種優勢正在消失中，因為中國公司不斷收購外國技術，透過市場及整合，創造龐大價值，而台灣人自己卻又不團結。

現在台灣的中概股多半以成本為導向，已無競爭優勢，未來成長動力來自於創新。我對於中國大陸還感到有希望，也因為如此。我的角色好像一位教練陪著他的愛徒，或是經紀人

陪伴其發掘的璞玉，不斷尋覓對的環境及夥伴，以期實現他們現在無法發揮的價值與潛力。

這次在香港換了四、五十張名片，均為在當地工作的台灣人，95% 都是金融業，涵蓋基金、理財、經紀、研究等領域，許多人幫中資金融機構服務。20 多年前我在香港工作時沒這麼多台灣人，我對他們只有一個建議，就是要積極思考前途規畫，找到一條未來能回到台灣的路。

前一陣子我幫一本書寫序，書中訪問了許多在中國大陸工作的年輕人，我都不認識，不禁感受到環境正在改變。不曉得這些人的存在很正常，因為他們散布在各行各業，不像過去的「台商」有一個品牌。

和傳統台商比較，這些人反而更接地氣，他們為陸企工作，真正融入社會，經營本土市場，而非出口加工。最近小英政府稱呼台灣人在大陸只是螞蟻，沒錯，他們可能是比小米還小的奈米，但有一天他們會活出自己的價值，創造新的天空。

台灣人和台灣是兩個不同概念，台灣人可能很有價值，但台灣卻沒有，我們要如何打造台灣的新價值和定位？

上周印度富豪來台開生日趴，狂歡三日，引起話題。把它和新南向政策連在一起太扯，但至少說明有更多人發掘到台灣

的另類價值。吸引外國人來台灣旅遊、工作以及投資是三種層次，前者最短期，後者最長期，我們都需要。

今天的中國大陸，已成長到一個程度，不再盲目歡迎任何投資，開始選擇。在另一方面，大陸更想走出去，積極投資海外。

面對中國崛起，逃避和批評是沒有用的，改變和創新才是正途。周末看了一本書《工廠人》（Factory Man），講美國因為中國製造造成傢俱產業倒閉，一家公司調整自己努力求生的故事。雖有啟發，但並非台灣學習的榜樣，因為還是侷限於傳統製造。

周五上飛機前，看到滴滴出行的新廣告：「每一條路儘管陌生，但總有人要去走。」

台灣的未來與方向，你會找到路，我們會一起走。

5.4
願意創新的老公司，才有前途！
老總：有抱負的年輕人，
去「台泥」都強過「外商」

◆

2017.05.15

外商未來會放更多資源在中國大陸，台灣地位將式

微。這也是為何我鼓勵有抱負的年經人，

千萬不要加入「在台」的外商，寧可選擇新創企業

或願意轉型的老公司。

◆

股神巴菲特前一陣子開股東大會，談了許多事情，坦然承認許多決策錯誤。

6 年前他投資 IBM，但發展不如預期，今年以來已出脫 33% 持股。另外他承認沒有投資 Google、亞馬遜是大錯，並稱亞馬遜創辦人貝佐斯為「我們這個年代最傑出的企業家」，從未見過有人可以在兩個截然不同的領域（雲端運算和網路零售）都很成功。

巴菲特多年核心持股富國銀行，去年發生強迫推銷金融商品事件，他表示這是「huge, huge, huge error」，此外其投資的聯合航空最近粗暴對待旅客，他也承認是一個可怕的錯誤。

但股神畢竟是股神，他不斷進化，修正自己的思維，去年在眾人看衰蘋果之際大輻押寶，現已成為蘋果第二大股東，持股市值高達 180 億美元，而且是其持有最多的股票之一，僅次於可口可樂。

巴菲特以往一向不碰科技股，更認為許多網路股是泡沫，他不投資自己看不懂的行業，但現在卻看好蘋果、Google 和亞馬遜等股票，因為他們有龐大挖掘商機的能力。

在此同時，他反而賣掉手中多年持股沃爾瑪，這代表巴菲特能夠看到大趨勢，不斷擁抱創新，並勇於改正自己的錯誤，難能可貴的是他已 86 歲了。

有趣的是，在太平洋彼岸，我們也看到了一個類似案例。上周台灣老牌龍頭企業台泥宣布，將延攬台灣匯豐銀行總裁出任總經理，震驚業界。台泥前董事長年初意外驟逝，大家以為應該又是循慣例由家族成員接班，沒想到卻是由外部找專業經理人，而且完全跨界。

這說明了什麼？有越來越多的老人、老公司認識到過去的經驗法則已不再適用，在這個科技快速變遷、全球劇烈變動的時代，必須有新思維、新策略，才能夠生存下去。

請銀行總裁擔任 CEO，對台泥有三個意義：第一是跨地域，不再侷限中國大陸，將瞄準歐美，進行國際併購；第二是跨領域，尋找人才由金融進入傳產；第三是跨世代，借重新 CEO 資訊專才深化智慧管理，藉由雲端大數據分析提升經營效率。

對於金融業者，這也很有啟發。台灣企業大幅出走，對金融業造成巨大衝擊，唯一亮點只剩下財富管理，協助客戶把資產移到海外。台灣金融業家數過多，缺乏整併，管制嚴苛，競爭激烈，業者獲利縮水，外商已開始陸續裁撤分行，改善績效。

Fintech 的衝擊將更加速無實體銀行發展，這是全球趨勢，匯豐兩年內已關掉台灣 13 家分行。但前一陣子金管會主委表示，哪一家銀行敢大量裁員，就將換掉總座。

這反映了台灣產業的普遍心態：逃避改變、甚至抗拒改變。全世界都在快速改變，但我們天真的以為只要在台灣努力維持現狀，世界就不會變，衝擊就不會來。小英提出「三新」（新情勢、新問卷、新模式），但「新情勢」要靠「新模式」因應，我們的新模式在哪裡？

套用最近很流行的詞「前瞻」，新模式一定要有前瞻性，能和未來趨勢接軌。以金融業為例，現在總經理最重要的技能已不是新產品或業務，而是要懂得利用科技，創新商業模式，精簡人力，提升效率。

匯豐的總裁很有遠見，他知道帶領一個傳統企業走向全新不同的方向，遠比待在現在仍有優勢卻缺乏改革動力的產業環境中，要有意義的多。他也理解台灣已徹底被邊緣化了，外商未來會放更多資源在中國大陸，台灣地位將式微。這也是為何我鼓勵有抱負的年經人，千萬不要加入「在台」的外商，寧可選擇新創企業或願意轉型的老公司。

台灣人是傻子嗎？一點都不，每個人都很清楚未來趨勢在哪裡，並以行動配合。上周東南亞領導電商集團 SEA（代表 South East Asia）完成 5.5 億美元新一輪募資，投資人包括台灣的國泰金及統一。

台灣企業的確在響應「新南向」政策，但不是去蓋工廠，而是投資最有前瞻性的領域。兩個月前，馬來西亞和阿里巴巴簽訂 eWTP「數字自貿區」，本月 80% 的馬來西亞便利店將開通支付寶，快速朝「無現金社會」邁進。

即使是政府也知道，若想前瞻必須走出去。上周科技部啟動創新之星計畫，甄選 55 個博士，給予補助，協助他們去矽谷工作，希望他們把經驗和科技帶回來。

這代表了台灣的悲哀與危機，想要改變、想要前瞻，只能去海外，不管是企業或年經人都一樣。未來變革必須由最上層發動，台泥之所以能大膽求變，在於其董事長極為國際化，我當年放棄外商工作加入本土券商，也是因為老闆的視野與企圖心。

不管我們是否有體會，台灣已面臨全新的國際局勢：我們確定未受邀加入 WHA 世界衛生大會，中國大陸宣布將放棄參加 8 月在台北舉行的世大運團體賽，最近亞洲乒乓球錦標賽，台灣的官方稱呼由「中華台北」被改成「中國台北」。

小英應認清新現實，盡快提出新模式。未來情勢非但不可能維持現狀，而且只會越來越糟，只要拿今年和去年比較即可，「溫水煮青蛙」的危險在於我們不會有感覺。

看到巴菲特和台泥，非常感慨，台灣會改變嗎？股神只有一個，而像台泥這樣勇於突破的企業，畢竟只是鳳毛麟角。

我已經工作了 30 年，前 25 年，我的主要工作是協助我的客戶成長，過去 5 年，我幫助他們退休，未來，我有一個新方向，我要協助他們「轉型」。

If you wanna find out how, just give me a call.

5.5
一個中國人來台參加亞洲矽谷論壇，
打臉「台灣像世外桃源」，
連綠營人士都拍手叫好

●

2017.05.22

世外桃源是與世隔絕，

最好兩岸能夠形成『桃園三結義』

●

上周，我突然接到大陸朋友來電，他受邀來台參加一個活動，臨走前順便向我問候。

原來他是來參加「亞洲矽谷高峰論壇」，主辦單位特地請他也上台講幾句話，我問他身為中國大陸人士，對於台灣政府目前努力招商、發展明日科技有什麼看法。

「當然，我很榮幸來台，也學習到不少東西，了解台灣想和世界連結的雄心，但有些話還是不吐不快。我上台時表示，聽了一個上午演講，但沒有任何人提到中國大陸在全球科技發展的角色，反而有人點出『紅色供應鏈』的威脅，感覺非常怪。」

我向他開玩笑，跑去參加綠營盛會，還敢這樣吐槽，一定得到很多噓聲，他告訴我正好相反。

「我在致辭時，特別針對你們桃園地方領導的講話，做了回應。他提到桃園是一個『世外桃源』，希望大家都能來投資；我表示最好不要如此，因為世外桃源是與世隔絕，最好兩岸能夠形成『桃園三結義』，台下觀眾都給我鼓掌。」

他講得很對，可謂一針見血，台灣和世界的距離，正越來越遠，就像一條找不到方向的船，在海上漂流，在船上的人卻還沒有察覺到危機，自以為很安穩。

上周中國大陸召開「一帶一路」高峰論壇，全球共有 29 位元首、70 多個國際組織領導人和 130 多個國家代表與會，可以稱為全球最大盛事。

這個論壇充分體現中國作為世界老大的資格與企圖心，連美國都在川普同意下，率團參加。台灣小英政府一直眼巴巴期盼參加 WHA 世界衛生大會，對一帶一路、亞投行都不屑一顧。台灣想參加的 TPP 現已停擺，兩岸服貿、貨貿又被擱置。最近「中越聯合公報」確認一中，斐濟自台撤館，「新南向政策」遭遇重大挫折，有人理解嗎？

台灣一直唱衰一帶一路，但卻沒有注意其現已形成雷霆萬鈞之勢，不可阻擋。倫敦到浙江火車最近成功通車，從此改變

全球陸運的版圖。台灣習慣以自己狹隘的眼光來看世界，的確是和世界脫節的「世外桃源」。

兩岸關係現已降溫至冰點，馬上要到凍點，我和朋友請教他是否也持悲觀看法。

他說兩岸發展有幾個階段：頭 10 年是第一階段，大陸認為台灣什麼都好，也非常希望台灣好，成為大陸改革開放的模範與榜樣。最近 10 年則是第二階段，大陸只選擇性對台灣某些有技術含量的產業有興趣，希望透過合作，優勢互補，創造雙贏。

這幾年開始進入了第三階段，大陸由於實力突飛猛進，展現前所未有的自信，連歐美都得放低對大陸的姿態；大陸也有雄厚財力，對全球企業瘋狂併購，台灣變得無足輕重，沒人把台灣放在眼裡，台灣的地位，連大陸一個省都不如。這兩年大陸舉辦各種活動，再也沒有聽到台灣的聲音。

在這種情勢下，我的朋友指出，台灣一定要非常謹慎處理兩岸關係。民粹不僅歐、美有，大陸也有，大陸民意要求兩岸及早統一的聲浪越來越大，對習近平形成很大壓力。台灣若是踩到紅線，一定會導致極端結果，沒有懸念！

大陸今天充滿了「狼性」，正在朝世界第一的道路邁進。一帶一路當初稱為「倡議」（Initiative），代表大陸自信還不夠，

但現已不可同日而語，實質上已是「聯盟」。台灣如果變成大陸領導世界的阻礙，大陸會毫不考慮地出手。台灣是「人性」光輝的體現，但大陸要再等 10 年才能達到這個境界。

我的大陸朋友說，他聽到「台灣很小，大陸很大，大陸不應以大欺小」這種說法，非常不以為然。台灣一直都是這種規模，30 年前張忠謀、郭台銘、施振榮這些前輩，以自己的智慧與努力，創造了台灣奇蹟，以小搏大，將台灣的電子產業推上頂峰，領導世界，這種雄心壯志，今天去哪兒了？

馬雲最近出了一本新書，提到成功人士大多檢討自己出了什麼問題，失敗者才一直怪別人。他說「以前看見張忠謀、郭台銘，火氣就大，因為他們把我的機會都拿走了。」後來他跨入互聯網，沒有人看好，但他堅持到最後，終於成功。

馬雲講的是心態，我最近看了一本書《心態致勝》（Mindset），提到用人之道並非是找最能幹的人，而是應找擁有成長心態的人，胸襟開放，願意提供與接受反饋意見，並能勇於面對與克服阻礙。

台灣缺乏正確心態，漠視中國崛起，一直依賴美、日替自己撐腰。最近日本媒體人本田善彥寫了一篇「美日救援台灣的迷思」，他提到近期接待一位日本外交官，直接指出若台海出事，日本不可能採取任何直接動作。至於美國，由川普最近的表態，已說明得很清楚了。

台灣政治、經貿孤立，但台灣人懂得自己找出路。大企業紛紛赴美投資，年輕人則去海外工作，自己創造連結。什麼都不行動的人，只能待在台灣逐漸乾涸的池塘裡，坐以待斃。

台灣正逐漸北韓化，但台灣比北韓差遠了。北韓有軍事實力，把中美大國搞得團團轉，最近 WannaCry 病毒軟體，聽說也是北韓傑作。台灣 IT 雖然實力一流，但也無此能耐。

全世界正在形成一張網，除了一帶一路，東南亞有東盟，香港有「粵港澳大灣區」，沒有人能夠孤獨的存在。

需要改變的不只是小英，而是大部分台灣人的心態。

政治人物可以無知，但我們不能。
This is our future.

5.6
台灣經濟何時翻身？老總預測 2025 年，
到那時「去中國拚過的年輕人都會回台創業」

◆

———— 2018.02.27 ————

到了 2025 年，台灣將掀起一波「陸歸」熱潮，
那些在中國大陸學習到一身本領的台灣年輕人，
會帶頭返鄉創業。

◆

小時候，我們對美國有一種憧憬，對許多人而言，美國象徵的意義是「較美好的生活」。去美國唸書工作，能夠在那裡定居就不要回來，即使回來也至少鍍了一層金，感覺上好像高人一等。

當然那種日子已離我們很遠了，至少我過去 20 年都沒有這種感覺，這幾年我甚至告訴年輕人，如果他們想去美國進修，除非進最好的學校，否則機會成本並不值得。

這幾年，大陸經濟快速崛起，不知你有沒有注意到，中國已變成「較美好生活」的代名詞，特別是上海、北京這些大城市。不僅台灣年輕人積極去大陸求學，各種有專門技能的人才，從 25 到 50 歲，也紛紛西進淘金。

這是一個全新的 learning curve，不斷變化，快速到令你難以想像。我二十多年前的「中國經驗」早已不再適用，就像這幾年被淘汰的大陸台商一樣。

二、三十年前，台灣曾是「較美好生活」的等號，不僅經濟較佳，政治更是民主自由的典範。但台灣價值已不再受青睞，對習近平印象較佳的台灣民眾數目甚至超過蔡英文。

根據最新「遠見雜誌」民心動向調查，「贊成台灣獨立」的比率從去年 23.4% 下跌至 21.1 %，創下 10 年新低，而「贊成與大陸統一」比率卻從 9.3 % 大幅攀升至 14.8 %，創 10 年新高，這說明了什麼？

關鍵在於經濟，台灣沉淪在低薪泥淖中找不到出路，中國大陸卻高速向智慧化的美好生活推進。人心已悄悄起變化，靠向另外一邊，大陸根本不需做什麼驚人的舉動，比較兩岸融合的速度，蔡政府時期勢必超過馬政府時期。

1965 年到 1976 年，中國大陸推行「文化大革命」，這是歷史上最黑暗的時期，大陸整整向後倒退 20 年，直到 1990 年後才恢復元氣。

不幸的是，這幾年台灣也漸漸走上「文化大革命」的老路。小英上台後，積極推動去中國化，以轉型正義為名，修改歷史課綱，並對各種機構進行清算鬥爭，台灣進入黑暗的深淵，我認為這一切要到 2025 年以後才會有所改變。

到 2025 年大陸和台灣的差距已大到令人難以忽視，大陸領先少則 10 年、多則 20 年。但任何的落後都存在機會，喝過紅色資本墨水的台灣年輕人，自然不會滿足繼續在中資企業當二等公民，而會尋求回台創業的機會。

為什麼是 2025 年？因為在 2000 年前後出生的台灣人，到那時會有力量來推動台灣下一波的改革。2018 年起，他們在父母影響下，開始到大陸念大學， 2022 年畢業，畢業後留在大陸工作。這些人起先機會不錯，拿著比台灣高數倍的薪水，但不久就會碰到天花板，如同當年台灣人在美國所遭遇的經歷一樣。

另外一個因素是，要等到 2025 年以後，台灣的第一代才會真正凋零，放手給下一代，現在機會和資源仍掌握在第一代手裡，他們已經老了，但還不肯放手。

年輕人為什麼不需等到 2030 年？因為我們處在一個飛速的時代，不像過去需有 5–10 年的社會資歷，很多人從大學時代起就能創業。

1985 年起，有將近 10 年的時間，台灣掀起一波「海歸」熱潮，在美國工作的台灣人，紛紛選擇回台創業，配合當時政府的政策，造就了今天新竹科學園區。最大的奇蹟是張忠謀，1987 年創業，30 年後退休時打造了全球半導體的龍頭。

反觀中國大陸，人才回歸比台灣慢了 20 年，2005 年後，才漸漸有「海歸派」，人才大輻回流是 2010 年以後的事。

到了 2025 年，台灣將掀起一波「陸歸」熱潮，那些在中國大陸學習到一身本領的台灣年輕人，會帶頭返鄉創業。現在的趨勢正好相反，所有的人才都在往中國大陸移動，而且才剛剛開始。

大陸當年文革時期，有許多初中、高中生沒有辦法讀書，下鄉成為知青，浪費了人生最寶貴的光陰。現在這一代台灣的年輕人，若陷在太陽花學運的迷思中走不出來，極有可能重蹈大陸知青當年的悲劇。但再下一代的年輕人就不會有感覺了，從小被父母送到大陸去唸書，反而會務實看待中國。

從「遠見」的調查可以看得出來，2018 起兩岸風向球將急遽改變，未來沒有和中國大陸連結的台灣人，不僅是年輕人，將成為脫鉤的一代，和時代潮流的距離越來越遠。

10 年後，我預見我的部下從大陸回來看我時，將告訴我關於智慧城市的種種，包括無人車、無人機、無人商店，以及無現金社會運作的方式，我會瞠目結舌。

上周搭計程車時，司機無奈地給我看一疊人民幣，他說現在大陸人很少帶現金，因為支付寶到那裡都可以用，但台灣就不行，只好付人民幣，很少大陸人願意換新台幣。

小時候我聽到從美國回來的親戚，暢談他們在 IBM 賺美金的故事，會有一種羨慕。再過一些日子，台灣人會開始羨慕那些他們在大陸賺人民幣的親友，那不只是 better pay，也代表了 better life。

過年前我認識的一位年輕人來找我，告訴我他準備辭去台灣外商的高薪工作，轉往香港或大陸發展，原因在於未來成長性。

我認為未來工作有三個等級，最優的機會是外國或大陸企業在中港，其次是外國公司在台灣、台灣公司在東南亞或台灣企業（服務業）在大陸，最差的是台灣公司在台灣或台灣企業（製造業）在大陸。

我心目中的台灣主觀價值永遠不會磨滅，但客觀上我已很難再說服別人 Taiwan is a better place。

5.7
去中國打拚的年輕人，回不了台灣？
老總：我不同意！
優秀人才回台不是為了薪水，而是 ...

◆

這是一個顛覆性的時代。

任何人回到台灣，絕對不是為了遵循現況或

小步伐的改善現況，而是為了改變現狀。

◆

「我希望他們能回台灣，但是機會非常渺茫，因為在中國可以拿到的薪水，是台灣的 3 倍。」

我參加一個晚宴，坐在我旁邊的是一位大老闆，他的子女都非常優秀，兩個女兒目前在美國華爾街一流投資銀行工作，兒子就讀於常春藤名校。他其中一個女兒今年會回亞洲，計畫在投行的香港或上海分公司工作，已經算一大突破。

他向我請教，長期他希望把自己賺的錢和一些其他企業整合，成立一個「家族辦公室」（family office）。如此可以一魚兩吃：一方面兼併收購一些台灣傳統企業，然後重整創造價值；另外還可以把女兒吸引回台，負責管理基金資產。我很佩服他的用心良苦，也預祝他能早日實現理想。

最近隨著選戰日益激烈，高雄的北漂青年成為話題，許多人想回家。其實北漂的又何止高雄青年？多少台灣菁英現在漂泊中國，他們是另一種形式的北漂。他們回得了家嗎？恐怕更難。

9 月底韓國偶像團體「防彈少年團」（BTS）受邀到紐約聯合國大會進行演講，成為第一組登上聯合國舞台的韓國團體。隊長 RM 長達 6 分半的流利英文演說，內容勵志感人，獲得一致好評。

BTS 不但風靡亞洲，也讓西方市場掀起一股韓流，新專輯在美國告示牌排行榜拿下冠軍，乃亞洲歌手在美最高成績。

BTS 成立 5 年，RM 只有 24 歲，看著他演說流露著自信的表情，我不禁大為讚嘆，即使我 25 歲進 Stanford 時也沒有他這種氣宇軒昂的架式，韓國年輕人為何可以如此優秀？

台灣像 BTS 這樣優秀的年輕人正在出走，回流的是台商。他們不是因為熱愛台灣或被政府政策吸引，而是因為種種原

因無法再從事中國製造，包括人口紅利消失、土地成本上升及環保法規嚴格等。

現實是這些台商即使回台也很難再維持原來模式，因為台灣不具備成為勞力密集生產中心的條件。

上周碰到一位中國企業家，他對台灣讚不絕口，表示未來會把公司「中後台」放在台灣，市場（前台）擺在大陸。他說的中後台主要是研發，因為台灣人才性價比實在太吸引人了。

和他持相同看法的人其實很多，像 Google 這些全球大型科技公司，都正加大在台雇人的力度。在中美大戰風口下，美國企業不願意直接把全部兵力放在中國，台灣變成一個很好的後勤支援中心。

你看出結論了嗎？台灣人才未來如果想要留在台灣工作，必須寄望於外國和中國企業。台商回流對留住高端人才並無直接幫助，因為他們主要從事「台灣製造」，需要的是低端本地及外國勞工。

台灣年輕人到海外或中國工作，並非壞事，因為海外市場大、工作機會多，有更大的舞台和表現的機會。就像王建民或陳偉殷，打 MLB 大聯盟肯定要比中華職棒好得多。

我最近遇到一些在中國做新創的台灣年輕人，已經很明顯培養出不一樣的風格：講話速度飛快，對未來發展方向有清楚

想法,非常理解自己和競爭對手的差異,已成功募集到資金並期待引進更多一流投資人。我覺得他們與台灣年輕人最大的不同是方向感與企圖心,這就是在大聯盟鍛鍊的成果。

有人說年輕人去了中國,就再也回不了台灣。我不同意這種看法,我 1987 年在華爾街工作,1988 年就回到台灣,完全是自願,因為我相信台灣金融業就長期而言會有很好的前景。同樣道理,我相信年輕人對台灣會有信心。

我當年回台的時候,薪水只有華爾街的三分之一。1994 年我又決定前往中國工作,當年有三家公司挖我,但我選擇最困難的一條路,到中國從零開始,因為我看好中國市場前景。

未來優秀的年輕人回到台灣,不是為了更高的薪水,而是為了創業。台灣有太多好的元素,只是大家不會利用,不懂得如何創造價值。但只要年輕人有了一些積累和實力,他們很容易在現有基礎上,打造出明日的獨角獸。

台灣當前的危機,是大家找不到方向,不知道下一步該怎麼走。很多人以為中國已經完了,必須趕緊撤離。

事實是過去大部分台商從事的「中國製造」,現在的確已走不下去;但「中國市場」,特別是「高端服務業」,卻充滿台灣人可以大顯身手的機會,如果再結合互聯網科技,甚至可發展出新的商業模式。假如待在台灣,絕對不可能有這種舞台。

這是一個顛覆性的時代。任何人回到台灣，絕對不是為了遵循現況或小步伐的改善現況，而是為了改變現狀。將來會有一些未能轉型的企業不支倒地，但卻會產生新的贏家，這是一個創富和財富重分配的過程。

以高雄為例，民眾之所以對韓國瑜感到興奮，不是為了城市的美麗外表，是希望透過外來刺激而有翻轉這座城市的可能。同樣的理由，我不期待現有政治人物可以改變台灣，但對於在海外打拚的新一代台灣年輕人，抱持高度期望。

黃明志和王力宏的神曲「漂向北方」，歌詞是：「（我漂向北方）這裡是夢想的中心，但夢想遙不可及」，「多少人敵不過殘酷的現實，從此銷聲匿跡」，「漂向北方，別再問我家鄉」。

也許有一天，台灣年輕人會唱出新的改編曲：「（我回去家鄉）雖然到了夢想中心，但擋不住回家的心」，「北京不是我的家，我的家鄉沒有無人車」。

北漂是回家的開始，北漂是改變台灣的希望。

關於
藍濤亞洲

FCC Partners

併購
M&A

私募
Private
Placement

服務項目

新創育成
Incubator &
Accelerator

財務顧問
Financial
Advisory

聯絡方式

歡迎各位先進與藍濤亞洲聯絡

地址：10692 臺北市大安區忠孝東路四段 285 號 6 樓之 2

電話：(886 2) 2752 2855

電郵：info@fccpartner.com

亞太區領導的精品投資銀行

藍濤亞洲為著名大中華投資銀行
及顧問公司，成立於 2010 年，
在上海、新加坡及香港皆有分支
據點，近期與美國亞馬遜 AWS 在
台成立創新中心並擔任運營商。
總裁黃齊元為台灣併購與私募股
權協會創會理事長，乃大中華區
投資銀行界代表人物，另外一位
合夥人出自麥肯錫。

創造
企業價值

連結
國際資源

協助
產業整合

接軌
創新經濟

打造傳統產業與新經濟的橋樑

- 協助傳統產業數位化、智慧化
- 協助傳產投資新經濟新創企業
- 引進全球新經濟生態系資源
- 發掘並育成、投資新創企業

2018.03
**協助亞馬遜 AWS
和東海大學共同成立**
雲創學院

2018.08
**協助亞馬遜 AWS
和新北市共同成立**
新北市－亞馬遜 AWS
聯合創新中心

2018.08
**協助領濤 (CardinalRain)
成為**
新北市－亞馬遜 AWS
聯合創新中心運營商

2018.12
**協助東海大學
管理學院成立**
產業智慧轉型中心

謝謝

國家圖書館出版品預行編目(CIP)資料

用想像翻轉明日的台灣：老總的兩岸手札 / 黃齊元著.
-- 初版. -- 臺北市：智庫雲端, 民108.04
　面；　公分
ISBN 978-986-95417-9-4(平裝)

1.臺灣經濟 2.兩岸關係

552.33　　　　　　　　　　　　108002235

**用想像翻轉
明日的台灣**

CHANGE
TAIWAN'S
FUTURE
WITH
IMAGINATION

作　　者	黃齊元
出　　版	智庫雲端有限公司
發 行 人	范世華
封面設計	陳冠霖
美　　編	陳冠霖
地　　址	104 台北市中山區長安東路 2 段 67 號 3 樓
統一編號	53348851
電　　話	02-25073316
傳　　真	02-25073736
E-MAIL	tttk591@gmail.com

總 經 銷　采舍國際有限公司

地　　址	新北市中和區中山路二段 366 巷 10 號 3 樓
電　　話	02-82458786 (代表號)
傳　　真	02-82458718
網　　址	http://www.silkbook.com

版　　次	2019 年 (民 108) 4 月初版一刷
定　　價	360 元
I S B N	978-986-95417-9-4